终局思维

战略决策的新逻辑

ENDGAME VISION
A New Framework for Strategic Decision-making

刘学 著

中国人民大学出版社
· 北京 ·

图书在版编目（CIP）数据

终局思维：战略决策的新逻辑 / 刘学
著. -- 北京 ：中国人民大学出版社，2024.7
ISBN 978-7-300-32782-2

Ⅰ. ①终… Ⅱ. ①刘… Ⅲ. ①智能控制－汽车工业－
工业发展战略－研究－中国 Ⅳ. ① F426.471

中国国家版本馆 CIP 数据核字（2024）第 090514 号

终局思维
——战略决策的新逻辑
刘学　著
Zhongju Siwei——Zhanlüe Juece de Xin Luoji

出版发行	中国人民大学出版社			
社　　址	北京中关村大街 31 号		**邮政编码**　100080	
电　　话	010-62511242（总编室）		010-62511770（质管部）	
	010-82501766（邮购部）		010-62514148（门市部）	
	010-62515195（发行公司）		010-62515275（盗版举报）	
网　　址	http://www.crup.com.cn			
经　　销	新华书店			
印　　刷	北京联兴盛业印刷股份有限公司			
开　　本	890 mm × 1240 mm　1/32		**版　　次**　2024 年 7 月第 1 版	
印　　张	7.5 插页 2		**印　　次**　2024 年 7 月第 1 次印刷	
字　　数	124 000		**定　　价**　69.00 元	

战略：始于初始条件分析，还是产业终局洞察

决策者都知道，战略是面向未来的。当真正面向未来时，决策者却常常感到迷茫和困惑：影响企业发展的变量太多，变量之间的关系复杂，影响企业的机制模糊，而且无时无刻不处在急剧的变化之中。有人用四个英文单词首字母的组合 VUCA（volatility，uncertainty，complexity，ambiguity）来描述这个世界：动荡、不确定、复杂、模糊。在这样的环境中，想要对未来做出客观准确的判断，几乎不可能。最终的决策常常是基于直觉和信念，以及关键时刻"赌一把、拼一把"的风险担当。因此，常见到这种现象：战略一旦成功，决策者人前大秀战略的伟大英明，人后则上香拜佛，感谢上苍的庇护。

美国耶鲁大学历史学家约翰·加迪斯（John Gaddis，2019）在其《论大战略》一书中引用《孙子兵法·兵势篇》："声不过五，五声之变，不可胜听也；色不过五，五色之变，不可胜观也……"，用以说明"简单性与复杂性并存，且简单性可以指导我们理解复杂性"。如果我们只看到世界的复杂、动荡而忽视了其中的简单规律，我们就可能焦虑、紧张，甚至无所适从，茫然失措。如果我们能够发掘其中的简单规律，它们就可能帮助我们理解、驾驭复杂、混沌的世界。

伦敦国王学院教授劳伦斯·弗里德曼（Lawrence Freedman，2013）在其著作《战略：一部历史》中多次强调："战略受制于起点，而非囿于终点"[①]。进入新世纪，许多科技公司特别是互联网公司的决策者对这一决策范式提出了质疑和挑战，他们在商业实践中的体会和感悟是：战略决策应"洞察终局、以终为始"。

制定战略，重点研究起点（starting point）——组织制定战略时的约束条件（constraints），还是终点（end point）——组织的目标函数（objective function），对于大多管理者而言，似乎是不言自明的。几乎所有的战略理论和工

---

① 原文为"Strategy is governed by the starting point and not the end point"。

具都以初始条件（组织所处的外部环境和资源能力）分析为出发点。PEST 分析、SWOT 分析、波士顿矩阵、GE 矩阵等，均从当前影响企业发展的环境变量及其变化趋势中寻找未来战略的方向性线索，然后与自身的资源能力相匹配。分歧仅在于根据企业发展的初始条件及其未来趋势能否做出准确的分析和预测。认为能够分析预测的，弗里德曼（2013）称之为"计划型战略"，包括亨利·明茨伯格（Henry Mintzberg，2012）所说的设计学派、计划学派、定位学派等。认为难以分析预测的，弗里德曼称之为"应变型战略"，包括学习学派、权力学派、环境学派等。

弗里德曼（2013）坚信，"战略本质上是流动的、灵活的"，"是在变化莫测的环境中针对复杂的经营管理问题做出的一系列理性的反应"，"取决于如何将一系列复杂并不断变化的事物转化为有利条件"。

加迪斯（2019）在《论大战略》一书中将战略决策者的思维模式分为两种：狐狸型与刺猬型。狐狸型思维模式的决策者"对环境心存敬畏"，总试图避开各种各样的陷阱，他们善于根据环境变化，及时改变追逐的目标，调整行动的策略和节奏。刺猬型思维模式的决策者"会重塑环境"，他们"只看到远方的图景。在那里，雄心便是机会，简化难题才是照亮前途的明灯"。刺猬型思维模式的决策者常常"忽略在目标和手段之间建立正确的联系",不愿意受现实条件约束，总是试图摧毁任何阻碍自己的东西，固执地追求超出能力的目标。迎接未来挑战，需要狐狸型与刺猬型思维模式的有效融合。大战略"是无限远大的抱负与必然有限的能力之间的融合"。

显然，狐狸型思维模式的决策者更重视起点或初始条件，并善于根据初始条件的演变调整自身的目标与战略；刺猬型思维模式的决策者更关注终局状态，并根据终局状态确定自身的目标。刺猬型思维模式的决策者的"远方的图景"是如何形成的，作为历史学家，加迪斯并没有深入讨论。无限远大的抱负与必然有限的能力之间，如何进行有效的融合，加迪斯更没有研究。

在明茨伯格（2012）所说的10个战略管理学派中，企业家学派是最接近关注"终局"的学派。"这一学派最核心的概念就是愿景（vision）。……愿景常常表现为一种意象，而不仅仅是一份用文字或数字来详细阐述的计划。"这就使战略非常灵活，领导者在制定战略时能够充分地运用其经验，这说明企业家战略既是深思熟虑的，又是随机应变的。在总体思路和方向上是深思熟虑的，在具体细节上则可以随机应变。

"具有愿景的伟大领导者的灵感，并不都是来自运气，而往往来自某些特定情境的丰富经验。"这个特定情境，我们可以将其理解为产业终局。"企业家式的战略试图占据某种特殊的市场位置，而这种市场位置能够保护企业不受市场竞争的冲击。"这隐含着在终局中的定位思想。

明茨伯格（2012）也批评："企业家学派也表现出一些严重的不足。企业家学派是完全用个别企业领导人的行为来展现战略形成，但对战略形成这个过程，从未细致讨论过。战略形成过程在企业家学派眼中，继续被看作一个被掩埋在人类认知过程中的黑箱。"

进入互联网时代后，商业世界发生了很大变化。从在位者的视角看，互联网、AI、大数据，使得商业竞争从局部、渐进地创造竞争优势，转变为生态系统、产业格局的颠覆和重构。只有看清终局，才能发现终局架构中的关键机会点和控制点，识别出终局中有利且可到达的地位，在此基础上形成公司的战略定位。机遇不仅仅是从外部环境变化轨迹的预测中发现的，更是从对未来格局的洞察中发现的。

互联网改变了商业竞争的形式与内涵（Philip Evans，2000）。传统竞争通常是技术、产品、服务、价格、渠道、促销等层面的抗衡，即所谓正面战，今天更多的是跨界的商业模式间的竞争。"新模式与传统模式间的竞争，常常不是新模式把旧模式打败了，而是通过重构生态系统、产业格局，让旧模式在不知不觉间被边缘化了。"

同时，竞争依赖的资源基础发生了变化：从实物资源、人力资源、知识资产的比较，转为数据资产、智能资产、人力资产的抗衡。领先者一旦构建起强大的生态系统，形成网络效应和数据资产的动态聚集，追随者很难超越。

另外，竞争的节奏发生了变化。技术变化的速度越来越快，产品生命周期越来越短，新产业进入窗口期越来越短，给企业决策者战略观察、思考的时间越来越短。路径依赖＋速度竞争，使得组织初始的战略路径和基因决定未来的成败。在战术上可以试错，但重大战略选择上一旦失误，常常机会不再。

因此，部分思维敏锐的学者和企业家意识到，战略决策仅从"起点"出发是不够的。2014 年 12 月，时任台湾大学副校长的汤明哲教授在北京大学光华管理学院演讲时强调，企业转型要"洞察终局、提早布局、顺势而为"。阿里巴巴总参谋长曾鸣教授在介绍阿里巴巴战略时提到了阿里巴巴决策层对产业终局的关注。阿里巴巴的天机（李川）在《三板斧：阿里巴巴管理之道》一书中，将曾鸣的战略理念分为四个步骤："终局、布局、定位、策略"。①

　　企业家在实践中的体会和感悟启发我们关注：基于初始条件分析的战略决策适合的时代背景是什么？从产业实践看，在外部环境相对稳定的时代，或者即便存在变化，但变化是相对连续的、可递推的时代，基于初始条件分析的战略制定过程是有效的。但是，在大变局时代，特别是当一个产业可能遭到颠覆性技术冲击时，基于初始条件分析的战略制定过程就遇到了巨大的挑战。因为从初始条件走向产业终局的过程是跳跃式或断裂式的变化过程。很多情况下，特别是对在位者而言，初始条件中虽然包含着产业未来格局的部分线索，但常常隐藏在影响企业发展的诸多变量之中。过分重视初始条件分析往往诱导决策者关注历史的线索，延续历史的路径，或在历史路径基础上做局部的适应性调整。可想而知，这种情况下，企业无论在战略制定方面投入多少时间，投放多少资源，都很难产出正确的战略选择，甚至导致巨大的战略失误。

　　基于对创新性产业决策者战略思维过程的研究，我总结了大变局时代企业制定战略的"24字诀"：洞察终局，审视自我，决断定位，选择路径，提早布局，顺势而为。虽然任

① http://www.360doc.com/content/14/0224/10/535749_355214661.shtml.

何情况下分析初始条件都是制定战略所必需的，但是通过初始条件分析，发现产业格局可能发生重大变化的线索之后，战略分析的重点就要放在洞察产业**终局**（endgame）上。看清未来产业格局，从中发现关键的机会点和控制点，然后审视自我，客观理性地分析自己拥有的资源能力，包括可以整合的潜在资源，审视自己的雄心、理想及长远的经济和社会价值，决断在产业终局中的定位。"我要到哪里"确定后，回望起点，以终为始，根据"我在哪里"，选择达成愿景的路径；在资源能力方面提早布局，在步调节奏方面顺势而为。

也就是说，分析外部环境，首先要判断外部环境变化是否会对产业未来格局产生重大影响或冲击。如果环境没有发生足以重构产业未来格局的重大变化，基于初始条件分析的战略决策过程是有效的。但如果产业可能遭到颠覆性技术、颠覆性商业模式的冲击，或者产业的游戏规则发生重大变化，这时战略制定的重点就要转移到对产业终局的洞察上。

在大变局时代，没有形成对产业终局的判断，仅仅分析初始条件，将外部环境中的机遇与威胁、企业内部的优势与劣势进行匹配而形成的战略，往往是短视的。面对智能手机的挑战，善于"科学"制定战略的诺基亚最终出局，关键原因之一就在于此。

举两个例子来说明大变局时代制定战略为什么需要洞察终局。《隆中对》一直被视为古往今来最伟大的战略决策，诸葛亮未出茅庐，便定三分天下。《隆中对》的时代背景为东汉末年，天下大乱，群雄并起，是典型的大变局时代。刘备号称汉室之后，三顾茅庐，就如何光复汉室问计于诸葛亮。诸葛亮首先根据现在的玩家、玩家的力量分布和地域分布，推断未来天下格局，从中识别关键的机会点和控制点：

今操已拥百万之众，挟天子而令诸侯，此诚不可与争锋。孙权据有江东，已历三世，国险而民附，贤能为之用，此可以为援而不可图也。荆州北据汉、沔，利尽南海，东连吴会，西通巴蜀，此用武之国，而其主不能守，此殆天所以资将军，将军岂有意乎？益州险塞，沃野千里，天府之土，高祖因之以成帝业。刘璋暗弱，张鲁在北，民殷国富而不知存恤，智能之士思得明君。

诸葛亮判断，未来天下，曹操、孙权各据一分，不可撼动。但是，在荆州、益州两地，存在着重要的机遇和发展空间。接着审视自我，根据刘备拥有的资源能力，决断其在第一阶段终局中的定位（三分天下之一）与路径：

将军既帝室之胄，信义著于四海，总揽英雄，思贤如渴，若跨有荆、益，保其岩阻，西和诸戎，南抚夷越，外结好孙权，内修政理。

实现最终愿景（光复汉室）的时机与路径则要相机而动，顺势而为：

天下有变，则命一上将将荆州之军以向宛、洛，将军身率益州之众出于秦川，百姓孰敢不箪食壶浆，以迎将军者乎？诚如是，则霸业可成，汉室可兴矣。

再讨论一个企业的案例——亚马逊的崛起。杰夫·贝索斯加入量化对冲基金萧氏公司（D. E. Shaw & Co.）后，因出色的业绩很快升为公司副总裁。1994 年前后，贝索斯发现两个现象。一是相对于前一年，互联网活跃用户增加了2 300%，增长还在加速。那些活跃度越高的平台，能够获得越多的资源支撑；获得的资源越多，平台服务就能够得到更好的改进，从而获得更多关注，更快地增长，形成强者恒强。二是有不少人在网上卖自己攒的电脑、二手电子产品等各类东西。虽然很多人动了购买的念头，但因为产品真伪、卖家信誉无法辨别，成交量极低。

存在巨大需求且所依赖的平台以极其惊人的速度增长，触动了贝索斯的创业神经。1994 年他从华尔街辞职，启动了自己的创业历程。1995 年贝索斯以全球流量最大、流域最为宽广、物种最为丰富的亚马孙河（Amazon）命名自己正式注册的公司；1997 年 5 月公司上市。1997 年末贝索斯致信股东，披露了公司的战略洞察与决断。

产业终局：网上零售将冲击甚至颠覆传统零售行业，而且网上零售很可能是一个强者恒强，甚至可能赢者通吃的行业。

战略定位：成为网上零售业的领导者。一切围绕股东长期价值，而股东长期价值在于不断加强公司的行业领导地位："行业领导地位能带来更高的收入、更高的利润率、更好的资本流动性和投资回报。"

路径：从标准化的图书切入市场，培育客户网上购物习惯，进而通过品类扩张颠覆传统产业；通过增强娱乐功能、交付功能和技术功能，构建全场景、全渠道的数字化体系，随时随地满足消费者的个性化需求。

- 品类扩张：图书、音像制品、服装、家电、日用品、食品生鲜。
- 娱乐功能：影音、游戏。

- 交付功能：快递、自助提货、无人机送货。
- 技术功能：一键下单、仓库机器人、移动支付、无人超市、语音助手。

贝索斯通过这封信与投资者进行交流：你们购买亚马逊公司的股票，千万不要把分红作为获得投资回报的最重要的途径。公司在相当长一段时间内不会分红，因为我需要把从资本市场及业务运营过程中获得的一切现金流投入到驱动公司规模快速成长上，以便能够快速成为行业老大（领导者）。互联网公司大把烧钱，驱动公司规模快速成长，以便成为行业老大，始于贝索斯。他采用这一战略，源于他对行业终局的洞察和定位。

在路径选择上，贝索斯也是用心良苦。当时，他和下属列出了20余种适合在互联网上销售的产品，包括图书、软件、办公用品、音像制品等。虽然目标是快速增长，但各类产品并非齐头并进，贝索斯选择专注于从图书做起。之所以选择这个路径，不仅是因为图书最为标准化、最便于网上选择、配送成本较低，更重要的是，图书最能发挥互联网的优势：为超越地域空间限制的无限客户（而非最佳服务半径内的客户）提供近乎无限的选择，而且搜寻成本最低；通过真实的客户反馈认识图书价值；根据客户信息，提供终极化的个性服务。另外，美国两大图书批发集团 Ingram 和 Backer & Taylor 几乎控制了美国数千家出版社每年出版的 30 多万种新书的 80% 以上，因而公司不需要和数千家出版社打交道，这对资源有限的创业公司也非常重要。亚马逊在图书市场取得快速增长和绝对份额后，进入音像制品市场，再进一步增加品类，改进技术，提升客户体验，最终成为全球最具价值的公司之一。

那么，我们该如何界定产业终局？在颠覆性创新产业发展的初始阶段，产业终局能够洞察吗？看清哪些指标，才能够看清产业终局？能否找到合适的方法，帮助我们相对准确地洞察产业终局？看清终局、确定愿景以后，如何选择达成愿景的路径？资源能力方面"提早布局"，"早"到多久？步调节奏方面"顺势而为"，这个"势"该如何把握？本书对这些问题给出了系统的回答。

本书的基本逻辑是：产业终局的形成，总体上遵循由产品技术结构、功能结构以及产业经济特征决定的产业内在的演进规律，而在位者与挑战者哪一方最终能够胜出或在未来产业格局中占据主导地位，则是双方在资本、政府力量的影响下博弈的结果。"技术是由其他技术构成的，技术产生于其他技术的**组合**（combinations）"（布莱恩·阿瑟，2018）。因此，可根据认知与决策过程中普遍采用的参照方法来对产业终局进行推断。

根据颠覆性创新的技术结构和功能结构，选择两个参照对象：一是最佳替代产业，即其技术结构和功能结构与颠覆性创新的相似，并受颠覆性创新冲击最大的产业；二是最佳参照产业，即在技术结构和功能结构上类似，并具有先行创新属性的产业。研究最佳替代产业、最佳参照产业的基本格局，包括产业规模、竞争格局、利润空间、主流商业模式以及产业供应链生态、下游运营与服务生态等。因为最佳替代产业、最佳参照产业的上述指标均为历史和事实，所以可以做出准确描述。再比较颠覆性创新产业的技术结构、功能结构、产业经济特征与最佳替代产业、最佳参照产业的异同，对颠覆性创新产业的终局进行推断。

洞察终局、决断定位、确定愿景以后，战略的成败在于对过程的掌控。从在位者与挑战者的博弈和颠覆性创新潜在市场转化为现实市场的周期两个维度，来研究产业终局形成的过程，以及在位者与挑战者哪一方更可能在博弈中胜出。

颠覆性创新技术结构与在位者原有技术结构的差异幅

度，决定在位者核心资源能力受到威胁的程度、颠覆性创新技术管理逻辑 / 组织基因与原有业务管理逻辑 / 组织基因的差异幅度，进而决定在位者转型的成本和周期。挑战者拥有的资源能力及受到政府政策、资本市场的支持力度和持续性，决定挑战者与在位者竞争抗衡过程中的优势及可以坚持的周期。产业结构及由此决定的议价能力，决定双方在竞争与合作过程中的谈判地位。主导设计形成的时间，则对双方博弈过程中哪一方最终胜出起着非常重要甚至决定性的作用。主导设计形成越快，在位者拥有的转型周期越短；主导设计形成越慢，依靠从资本市场获取资金支持的挑战者生存与发展越困难。潜在市场转化为现实市场的周期，不仅取决于颠覆性创新技术的新颖性、复杂性、引领性等方面的特点，而且与产品的准入政策、互补设施的需求量及建设周期和成本等因素密切相关。主导设计形成的快慢，同样是决定潜在市场转化为现实市场周期的非常关键的要素。

基于上述逻辑和方法，以传统车企为在位者，以科技公司为挑战者，构建了影响双方博弈结果的概念模型，并对博弈过程进行了分析；以传统汽车制造业为最佳替代产业，以智能手机制造业为最佳参照产业，对智能汽车产业未来的格局做了系统推断；构建了影响智能汽车潜在市场转化为现实市场的概念模型，对潜在市场转化为现实市场的周期进行了推断。在此基础上，为中国传统车企、科技公司、新势力企业、供应链企业的战略定位与选择提供了建议，特别是对中国智能汽车相关企业如何把握全球汽车制造业格局大调整的机遇，如何在逆全球化的时代实现全球化，给出了方向性的建议。

在北京大学光华管理学院从事战略管理教学与研究二十余年，见证了互联网、房地产、医疗医药等诸多行业的起起伏伏，观察了诸多企业的成败兴衰，深知大变局时代制定战略的重要和艰难。希望本书讨论的内容，能够为那些谋求通过创新颠覆传统产业的创业者、那些正在或将要经历颠覆性创新技术冲击的在位者制定战略，提供一些启发或借鉴。

目　录

第 1 章

颠覆性创新下的博弈：站位与选择

第 2 章

终局洞察：看什么

第 3 章

终局洞察：产业参照的方法

第 4 章

智能汽车产业终局：参照方法的应用

第7章

终局思维视角下的智能汽车产业格局与各方战略

01

第 1 章

颠覆性创新下的博弈：站位与选择

站位，是中国政治语汇中极其重要而又从未得到清晰界定的概念。普通百姓觉得玄而又玄，而政治家则心照不宣。在复杂的政治环境下，政治站位常常是政治家战略思维的出发点和归宿。在企业战略决策过程中，企业家战略决策时在时间、空间、角色、立场／价值上的站位，对战略成败的影响几乎和政治家的站位一样重要。

　　在位者制定战略时一般习惯于站在现在看未来。考察环境一般从宏观开始，但 PESTEL 分析的变量太广，使得真正对产业／企业有重大影响的变量常隐藏于众多环境变量之中，难以得到应有的关注。产业环境虽是分析重点，但真正有威胁的对手常常不在产业内部，而是那些跨界的竞争者。在位者的核心决策者一般出自现有核心业务领域，成功的历史、强大的文化、出色的业绩以及自身的权力和利益，使在位者常常不愿意看到被颠覆的可能。这些因素的综合，使得基于初始条件分析的战略决策过程在大变局时代常常显得力不从心。

　　挑战者多数是创业公司，其乏善可陈的初始条件，惨不忍睹的市场地位，使其依靠初始条件，根本无法有效地吸引到优秀的团队成员、投资者、合作伙伴，挑战者必须构建极具吸引力和具有令人信服的内在逻辑的愿景。做到这

> 一点，就必须洞察终局，审视自我，决断定位，并刻画出达成愿景的关键路径。
>
> 做跨越周期的百年企业，是每一个企业家的梦想。要看清未来格局以及自己在未来格局中的位置，若没有合适的位置，能否将自身底层的资源能力、外部可整合的资源能力以及面向未来的需求进行重新组合，这是确定转型方向，实现超越周期梦想的关键。

毫无疑问，在数字化转型的大背景下，颠覆性创新出现的频率、产生的冲击和影响比以往明显增加了。当面对具有潜在颠覆可能性的创新技术冲击时，在位者与挑战者的战略思维有何不同？这种不同，对其未来的生存与发展会产生何种影响？

对传统汽车主机厂和以智能驾驶相关技术切入汽车业的科技公司的访谈发现，这两类企业对战略都高度重视，均认为战略的基本问题是方向与路径选择，但它们在选择方向与路径时的站位明显不同。在位者（传统汽车主机厂）将战略分析的重点放在起点（starting point）：基于初始条件分析来制定战略。挑战者（科技公司）却将战略分析的重点放到终点（end point）：基于对产业终局的洞察来制定战略。在选择战略路径时，在位者是朝前看：站在现在展望未来；挑战者则试图回头看：站在终局回望现在。

站位的不同，展望方向的不同，使得两类企业制定战略时的视野与看到的景观以及由此决定的战略方向与路径选择等，均存在明显的差异。

站在现在展望未来，具有颠覆潜力的重要技术被隐藏在众多环境变量（PESTEL 变量）之中，不能在萌芽状态被及时发现，无法做到未雨绸缪，提早布局。站在终局回望现在，前提是知道终点在哪里、终局图景为何种模样。战略理论没有为洞察终局提供合适的方法和工具，虽然每个挑战者均强调制定战略要洞察终局，以终为始，但他们看到的终局，视角各有千秋，架构各不相同，结论千差万别。终局判断错误导致战略方向和路径选择失误，最后千般努力、万般心血付诸东流，美梦成空的创业者不在少数。

本章首先对战略思维过程中的"站位"进行界定，然后致力于揭示：为什么在制定战略时在位者习惯于站在起点朝前看，而挑战者宁愿站在终点回头看；不同的站位对各自的战略决策带来哪些挑战；在位者如何进行战略思维，才有可能免于被颠覆，成功超越周期。在后续的章节中，我们将提供洞察终局的视角和方法。

⊕ 战略思维过程中的站位

"政治站位"（political stance）是中国政治语言体系中极其重要又从未被明确界定的一个概念。从字面理解，"站位"应是政治立场与思维高度的综合。企业决策者战略思维的站位问题，并未引起学术界的关注。

我们在调研在位者（传统车企）和挑战者（科技公司）如何看待智能汽车产业的未来时发现，它们在进行外部环境、资源能力分析时，观察视角、收集数据、对数据与信息的解读、对不同变量的复杂作用进行综合的方式等，均存在明显不同，或者说两类决策者在认识自我、感知环境、进行决策时的参照体系存在明显不同。不同的根源在于决策者战略思维时的"站位"不同。

- 在时间上的站位：决策者站在什么时点来观察、思考、判断公司未来的战略选择；进行选择时，考虑的时间纵深有多长。
- 在空间上的站位：决策者站在何种位置来思考公司战略；考虑的范围有多广（如城市、省域、全国、全球）、层次有多高。

- 在角色上的站位：在产业链生态体系中，决策者以何种角色来观察环境、采集解读数据，形成分析判断？是在位者、挑战者、投资者，还是监管者？若是在位者，它在产业链中居于何种角色：是终端产品集成者，还是部件产品的制造者，或是产品下游的服务提供商、产品运营商？

- 在立场／价值上的站位：立场／价值是指决策者已经确立的政治取向、价值观等。立场、价值取向不同，观察的视角、数据的解读，都会有显著的差异。

本章重点考察当面临潜在颠覆性技术冲击时，决策者在角色、时间、空间上站位不同导致的战略思维方式的不同，并对其成因及影响进行分析。

⊕ 在位者惯于初始条件分析：站在现在看未来

面对颠覆性创新，在位者与挑战者战略抉择时站位明显不同，并非偶然。在互联网发展初期，在位者与挑战者战略思维的方式就逐渐出现了明显的差异，后来一些新科技企业家明确提出了洞察终局、以终为始的理念，为越来越多的科技企业家所认同，并深刻地影响他们的战略实践。但传统的在位者始终不为所动，依然坚持基于初始条件分析的战略思维。为什么？

首先，在位者之所以习惯于从初始条件出发来制定战略，并非其决策人员不懂战略，而是因为他们接受了太好的专业训练。

在位者多数历史悠久，拥有专门的战略规划部门，集中了受过非常好的战略规划训练的专业人才。经典的战略管理理论都是以初始条件分析为出发点，换言之，经典的战略理论是为在位者制定战略而构建的。如波士顿矩阵的销售增长率、相对市场份额；GE 矩阵的产业吸引力、企业竞争地位等，均是站在在位者的视角来思考问题。

大公司制定战略的过程几乎就是经典战略教科书的翻版：站在企业的现在，分析所处的外部环境，识别机遇与威胁；分析公司内部的资源与能力，识别优势与劣势；然后将机遇与威胁、优势与劣势进行匹配，做个 SWOT 分析，或者 GE 矩阵分析，来决定公司的战略。这种战略思维的架构，经过不断重复、不断完善，已经成为几乎没有人质疑的经典模式。

其次，在位者的决策机制和组织文化也使其从初始条件出发制定战略。

在位者的关键决策人员，一般出自现有核心业务领域。企业成功的历史，辉煌的业绩，引以为豪的文化，以及自身的话语权、影响力、地位，均与现有业务发展的状况紧密相关。这必然产生克里斯坦森在《创新者的窘境》中所描述的结果：关注满足现有客户需求、关注在现有技术路径上进行延续性创新；投资决策重视获得合理的财务回报，不愿在那些不确定性高因而风险较大的新技术领域进行投资。关注现有对手，并对其战略做出及时反应，但常常对那些名不见经传、以新技术、新产品在小的细分市场上进行探索的潜在对手视而不见。

在位者需要意识到的是，在产业有可能遭到颠覆性技术冲击的早期阶段，基于初始条件分析的战略决策很可能对企业造成重大的误导，使企业错失战略转型的机遇。

第一，经典的战略制定过程通常始于宏观环境分析。常见的宏观环境分析工具是 PEST（政治、经济、社会文化、技术）分析，后来演化为 PESTEL（政治、经济、社会文化、技术、环境、法律）。分析的范围逐渐扩大，宽度不断拓展。但是，由于分析的宏观环境变量太多，不同宏观环境变量对企业影响的机制模糊，作用点和力度各不相同，作用力的方向错综复杂，而人类认知资源有限，同时考虑如此之多的变量、如此复杂的变量关系，在分析深度与广度之间做到恰当平衡，能够聚焦而又不失大局，是一个非常具有挑战性的任务。企业实际的战略制定过程，大致是以下三种情况中的一种或多种：

- 面对数量众多的宏观环境变量，分析人员为显示自己的专业性，往往在那些未来变化趋势清楚、影响企业机制明确的变量上着力甚多，而对那些最近出现且未来趋势不明朗、影响企业机制尚处于模糊状态的变量视而不见。

- 对现有核心业务产生直接影响的宏观环境变量得到了高度重视，而那些没有直接影响的宏观环境变量常常被一带而过。

- 由于宏观环境变量作用方向不一，力度大小不同，常见的将众多变量影响综合起来的方式有两种。一种是对各种变量赋予权重，然后加总。这种做法貌似科学，但关注的变量越多，权重分配过程中越容易将重要变量的作用弱化。另一种是基于直觉形成判断，然后通过各种分析工具将直觉逻辑化、系统化、合理化。貌似严谨的系统分析，不过是给直觉披上一件漂亮的外衣。

这种宏观环境分析方式，使得对在位者未来可能产生重要影响的关键技术、规则等变化，隐藏在众多宏观环境变量之中，无法得到有效识别与关注，从而使公司战略失去先机。互联网、AI、大数据，使得商业竞争与过去相比在竞争的内涵、竞争的节奏、竞争所依赖的资源基础等方面存在本质不同。由于网络效应、规模收益递增、客户锁定或高转换成本，战略窗口期常常很短。先动者优势一旦奠定，追随者很难赢得机会。

第二，经典的战略制定过程分析的重点是产业环境，包括产业现在的规模、未来的增长空间和增长速度、关键竞争对手等。竞争战略选择的重点是谋求差异化还是成本领先。分析所依赖的理论框架是迈克尔·波特的五力模型以及波特的竞争对手分析框架。

在大变局时代，真正对企业产生重大威胁的对手，很少来自产业内部，而是来自产业外部的跨界竞争者。以产业分析为重点的宏观环境分析，很难关注到产业外部的潜在对手。等到这些潜在的竞争者已经对企业构成实质性威胁，在位者不得不注意到它们时，常常为时已晚。这种跨界的竞争对手依托于完全不同的资源能力、采用不同的商业模式，通过重构产业竞争规则，创建新的生态系统，获得竞争优势。依托于原有的资源、原有的模式，常常无法与之抗衡。

第三，在大变局时代，基于初始条件分析所识别的核心资源能力、优势与劣势，与应对未来挑战所需要的资源能力、优势与劣势完全不是一个概念。当颠覆性技术出现时，受到威胁最大的就是在位者的核心资产，包括核心技术、流程和制造设施等。在传统模式下，企业引以为傲的关键技术、关键设备和流程，可能不再是公司赢得未来竞争优势所需的资源和能力。比如，在支付数字化的时代，造币厂强大的现钞设计、防伪、印刷能力，将遭到数字化支付技术的巨大冲击。没有意识到这种跨界的颠覆，就不会对资源能力的价值做出正确的评价，因而也难以做出正确的战略选择。

第四，即便决策者从外部环境的变化中感知到了重大的威胁，但看不清未来格局，也很难找到正确的转型方向。比如，柯达在 2004 年前后已经感知到数码成像技术对公司感光材料成像业务产生的重大威胁，并开始向数码成像业务转型，但经历 8 年左右的艰苦努力、艰难调整之后，公司还是未能避免破产的命运。

　　显然，大变局时代，基于初始条件的外部环境和资源能力分析，如果不放在大变局的背景下考察，如果不能够洞察未来的产业格局，常常会出现重大误导，导致战略方面的重大失误。

✛ 挑战者长于以终为始：通过洞察终局发现机遇

　　与在位者相反，凭借创新性技术谋求为客户创造价值，进而颠覆传统产业的创业者，奉行完全不同的战略思维模式：洞察终局，审视自我，决断自身在终局中的定位，进而构建愿景；然后回望起点，选择达成愿景的路径；在资源能力方面提早布局，在步调节奏方面顺势而为。

　　创业者选择与在位者不同的站位，不能简单地归结为其在战略方面的高瞻远瞩或者思维方式的独树一帜，常常是环境和任务所迫，不得已而为之。

　　首先，创业者的初始条件实在不够看。创业公司，除了引以为豪的某些具有颠覆潜力的知识产权、数量有限的团队成员之外，能够对外展示的东西实在乏善可陈。企业的市场地位、拥有的客户数量、实际的现金流，更是惨不忍睹。

与此同时，创业者发现，在具有颠覆潜力的领域创业，从创业启动到获得稳定现金流之间的时间很长。在此过程中，失败与碰壁是家常便饭。特别是创业早期阶段，团队所做的大多数工作几乎不产生任何现金流，讲精确盈利预测的创业者常常会被嗤之以鼻，甚至被视为骗子。就在这种极其艰难的情况下，创业者需要完成以下这些最基本的任务：

- 招揽并凝聚优秀的团队成员，对他们进行有效的激励，使他们愿意跟创业者同甘苦、共患难，共创宏图。
- 在事业发展关键阶段，能够获得投资者的投资、合作伙伴的支持，克服困难，走出困境，使事业达到新的阶段、新的水平。
- 始终能够自我激励，坚定信心，从一次次失败、打击中快速恢复过来，保持旺盛的奋斗精神，成就自我，感召下属，赢得合作伙伴的信任。

创业者怎么才能完成这些任务？初始条件，包括创业团队的构成和背景、已有的技术储备等当然要讲，这对利益相关者了解创业公司是非常必要的，但重点放在初始条件的推介上，就有问题了，因为创业公司的初始条件对投资者的吸引力是非常有限的：现金流非常有限，市场份额基本为零。靠这些内容根本无法打动投资者。

普遍的做法是，给团队成员、投资者、合作伙伴等利益相关者构建一个极具吸引力的愿景。这个愿景不但要有非凡的想象力，而且要有令人信服的内在逻辑，才能使利益相关者相信，这个愿景最终能够实现。那么，如何描绘这个愿景才能达到这些要求？

有吸引力的创业愿景，就是将创业者及其团队对产业终局的洞察、在产业终局中的定位，以独特、生动的形象，有吸引力的方式描绘出来，并刻画出达成愿景的关键路径。比如，四维图新的刘兴鹏说："公司创始人经常跟我们讲，我们要做智能汽车领域的 Wintel（Windows-Intel 联合体，操作系统 + 芯片）。我们的方向很清晰，资源配置，业务布局，均朝这个方向努力。"

创立了四维图新并将其上市，现在又作为禾多科技联合创始人的孙玉国说："战略决策是做选择。2000 年前，中国与国际水准的差距是明显的，追随者的战略方向选择是容易的，关键是看实施。现在中国科技公司在很多科技领域（与国际领先水平）较为同步了，基本没有差距。在新技术领域创业，未来的前景是过去不曾存在过的。创业者需要将自己的雄心和愿望中的景象形象化、直观化，然后按照这个图景去创造未来。洞察终局，在某种程度是被逼出来的。"

向荣清能汽车联合创始人毛海勾画出未来智能汽车产业的基本格局：智能汽车产业的技术架构、产业链各环节的关系、产业价值在不同参与者之间的分布、不同技术路线的优缺点，然后根据自己公司拥有的、可以整合的资源，决定公司的战略定位。

当然，由于战略理论、创业理论都没有为挑战者洞察终局提供合适的理论和方法，企业家看终局，主要还是依赖个人的认知、经验、直觉和悟性。每个人看终局的视角不同，看到的内容各不相同。终局看错，血汗白流的例子比比皆是。

✛ 颠覆性创新下企业何以超越周期

在位者需要认识到，当遭到颠覆性技术冲击时，在位者未来的世界与现在所处的世界将有重大的不同。产业主流的商业模式、竞争格局、产品形态、竞争规则等，都将发生断裂式、跃迁式的变化。

在位者只有及早发现颠覆性创新的威胁，尽早确定转型方向，确定正确的转型战略，导入新的基因，并对自身的生命体进行系统重构，才能演化出适应未来产业终局的生命形态。但基于初始条件分析的站位，很难帮助在位者成功地应对这一挑战。

读克里斯坦森的《创新者的窘境》，常有一种无可奈何花落去的伤感：良好的管理、对主流客户需求的关注、持续的创新等，曾经引以为傲的，竟然成为企业失败的诱因。但是，穿越商业史的长河，我们依然发现有很多企业穿越了技术周期、产业周期，成就了百年伟业。那些不甘心被对手颠覆、被时代抛弃的在位者，需要做以下努力：

第一，必须培育和拥有核心能力，积累起支撑复杂产品所需的独到、深层、复合的知识体系、技能体系，构建高效的组织流程，将公司独有的知识体系和人员队伍的效能有效地发挥出来，高质量地满足市场需求，这是企业适应未来变化的基础。

第二，必须跨越产业的范围去关注潜在的竞争对手，关注未来需求的变化。为保证能够及时发现可能的颠覆性威胁，在位者在评估可能改变产业终局的重大变化时，寻找那些能够超越企业历史与文化、权力与利益关系的中立客观的外部专家是必要的。另外，通过强大的生态系统，将触角延伸到更广阔的范围，包括与创业投资基金合作或者创立自己的创业投资基金，作为颠覆性技术情报的来源，也是一种非常重要的方式。通过这些创投机构，可以在颠覆性技术还处在研发早期阶段时就发现线索，时时关注其发展，评估该技术与公司核心业务之间的关系（替代、互补、赋能），并能在第一时间了解投资者对这一创新的态度、投资力度等。投资者、政府对这一创新的支持力度，是评估其未来颠覆潜力的指标之一。

第三，洞察终局绝非挑战者的专利，在位者同样需要经常评估产业内外是否出现了某种可能改变产业终局的重大技术创新、商业模式创新，或者重大游戏规则变化。当发现这种变化的蛛丝马迹时，应尽力换位思考，对未来终局进行预判，重塑愿景，重选路径，重构自我。

第四，感受到某种技术的颠覆性威胁，但依然无法看清其未来前景时，通过合适的投资架构安排，来获得战略自由度。比如，可以独立或者联合其他在位者共同以该技术为基础，创办独立于原有体系的公司，像其他创业公司一样进行独立运作和探索。母公司进行评估，一旦不确定性降低到合适的水平，未来终局可以看清，方向基本明确以后，迅速将资源转移到最优的路径上。

创立于 1997 年的流媒体提供商奈飞（Netflix）基于数据挖掘和智能算法，识别和挖掘客户需求，将迪士尼等好莱坞六大电影公司的内容进行再加工，为客户提供优质服务。起初，迪士尼积极与奈飞合作，将其视为内容分发平台和分销渠道。奈飞的野心远不止于此。在和漫威合作了几部热门剧之后，奈飞开始发展自己的内容业务。一部爆款电视剧《纸牌屋》使其用户增长越发强劲。

2007 年迪士尼等传统内容提供商感受到了来自流媒体提供商的威胁。虽然对这种新模式对传统模式到底会产生何种影响不能做出清晰预估，迪士尼还是联合福克斯、康卡斯特、时代华纳三家传统娱乐内容提供商联合投资创立了 Hulu 流媒体公司，迪士尼占股 30%。迪士尼在看清未来产业终局后，2019 年以 713 亿美元全资收购福克斯的大部分资产，包括其拥有的 Hulu 30% 的股份，并从康卡斯特手中获得对流媒体巨头 Hulu 的全面运营控制权，实现了战略转型。

第五，当面临颠覆性冲击时，面向未来的市场需求，将自己拥有的独特资源与外部可以整合的资源进行创造性组合，开创新的业务领域，也是超越周期的重要办法。全球著名感光材料企业日本富士面临数码成像技术的颠覆性冲击，对自己在感光材料领域积累起来的核心资源和能力进行再开发，并通过并购的方式整合外部的互补资源，从光学成像技术，延伸到光学医疗设备与材料等；从感光材料涂层、成膜、微粒技术，拓展到（液晶）光学薄膜材料等；从胶片抗氧化技术及胶原蛋白提炼和合成技术，延伸到高端化妆品领域。虽然柯达已经黯然离场，但富士之树依然长青。

每个探险家都知道，站位不同，看到的景色必然不同。在企业的战略实践中，在位者和挑战者在构建自身战略时，因为历史与文化，或者因为需要，分别站在了两个相反的位置：前者站在起点展望未来，后者站在终点回望现在。站位不同，导致二者的战略选择出现了重大的不同。战略制定过程就像探险的旅程，站位不同，选择不同，就可能各有各的景色，各有各的美好；也可能各有各的沟壑，各有各的陷阱。希望本章能够引发决策者对战略决策站位的深入思考。

02

第 2 章

终局洞察：看什么

那些从现在穿越到过去的小说主角，个个都有文韬武略，冠绝天下。改变江湖，重构历史，均在弹指之间。当颠覆性创新初现之际，如果你能够洞察终局，以终为始，在某种程度上你也可能创造那些穿越者才能创造的奇迹。

当某一创新性产业经过导入期和高速成长期，达到相对稳定、成熟阶段的产业格局或状态，即为产业终局。看清产业格局或状态，识别其中的关键机会点、控制点，就可以对愿景确定、路径选择、资源布局等核心决策提供清晰的指导。

如果将产业终局视为一个蛋糕，那么产品的技术结构及供应链体系反映蛋糕是如何做出来的，产品的功能结构反映蛋糕的用途，产业规模代表蛋糕有多大，利润空间代表蛋糕上奶油的厚度，产业竞争格局代表争夺蛋糕的竞争者的数量和结构，商业模式反映竞争者争夺蛋糕时的打法，哪一方会在博弈中胜出反映谁能够抢到奶油最厚的那块蛋糕，产业主导技术范式的形成则意味着产业竞争的焦点从技术开发及创新转为规模化生产阶段的质量、成本及差异化的竞争。把这些都看清楚了，你可以比较放心地告诉自己，看清了终局。

当一个产业可能遭到颠覆性技术冲击时，虽然部分决策者已经意识到，战略决策需要洞察终局，以终为始，但在洞察终局的战略实践中，决策者的关注重点或认知视角，主要基于个人的知识背景、成长经历、兴趣或者近期需求，方法上主要基于直觉、悟性或者灵光一闪，因而，视角各有千秋，架构各不相同，内容差别极大。有人关注产业未来的规模、盈利空间；有人重视最终谁会胜出，或者哪类企业在未来的产业中能居于主导地位；有人推断玩家的逻辑和结构；还有人判断玩家的打法或者主流的商业模式。他们坐在一起讨论时，常常是各说各话，很难找到对话与交流的共同基点。

为给战略决策者洞察终局提供可比较的视角，使得大家可以进行深入的对话与交流，本章基于对汽车制造业在位者、挑战者对智能汽车产业终局的判断的调研，构建一个产业终局洞察的基础框架，并对框架中的关键要素进行解析，以期能够为决策者在大变局时代的决策提供支撑。

⊕ 何谓产业终局

虽然学术界、产业界越来越强调战略制定需要洞察终局，但大家对什么是"终局"并没有一个明确的界定。

前言中提到《隆中对》，诸葛亮之所以能够未出茅庐，便定三分天下，是因为他能对当时及未来的关键玩家、玩家的空间分布、力量分布及其相互关系做出准确的分析；对这些关键玩家经过一段时间的博弈与较量，力量达到相对均衡、关系处于相对稳定时的天下格局或状态，提早有了准确的洞见，并对其中的关键控制点和关键机会点做出了客观的识别，所以才能帮助刘备在未来的天下格局中进行正确的定位，做出正确的战略选择。

当颠覆性创新出现时，在位者、挑战者及其他利益相关方为了争夺市场，处在激烈的竞争和博弈过程中。技术、市场的不确定性以及多方的激烈博弈，使得产业格局一直处在剧烈的变动过程中。当潜在市场基本转化为现实市场，需求增长空间变小，各方的资源能力与所处的市场地位大致匹配，主导的技术模式、商业模式得到市场的考验和认可，这时产业格局就会达到相对稳定阶段。当某一创新性产业经过导入期和高速成长期，达到相对稳定、成熟阶段的产业格局或状态，即为产业终局。这个阶段的技术模式、商业模式等经历了大浪淘沙、优胜劣汰的过程，竞争格局也相对稳定。看清这时的产业格局或状态，识别其中的关键机会点、控制点，就可以对愿景确定、路径选择、资源布局等核心决策提供清晰的指导。

有学者将产业进入衰退期的状态视为"终局"，这是望文生义，过于表面化了。也有学者给出明确的时点，如将五年、十年以后的状态视为终局。终局确实是一个与时点高度相关的概念，但事实上，由于环境的高度动态性，对与特定时点相联系的产业格局是无法做出准确判断的。本书将产业终局形成的过程与产业的终局状态区分开来，专门分析创新性产业的演进，特别是潜在市场转化为现实市场的周期及其决定因素，以便为决策者在资源能力布局和达成愿景的过程管控上提供支持，而对终局的界定采用相对模糊化处理，定义为产业达到成熟阶段的格局或状态，足以为企业的战略决策提供支持。

✛ 产业终局的七大看点

从产业实践看，终局洞察服务于战略决策。面对颠覆性创新，不同的参与者，战略动机不同，洞察终局关注的重点就不同。在位者主要关注颠覆性创新会对本产业、本企业产生何种冲击，威胁的途径和机制是什么样的，应当如何应对。当然，有些在位者也会关注颠覆性创新能否给企业带来改变竞争地位的机遇。创业者、挑战者则重点关注战略机会的发现与创造，包括颠覆性创新产业自身的吸引力、产业机会在产业链不同环节的分布、如何把握这些机遇等。

决策者洞察产业终局时关注的核心内容可以分为两个层次：一是产业生态体系的结构，包括产业上游的供应链生态结构、产品制造商的竞争格局及商业模式、下游的服务体系及用户结构等。二是产业吸引力指标，即生态体系的结构——生态体系关键玩家之间相互作用产生的结果，包括产业规模、产业利润空间及其在产业链上的分布等。产业终局洞察应考察的关键要素及其关系，如图 2-1 所示。

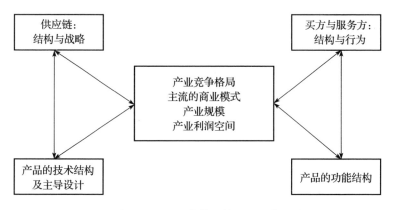

图 2-1　产业终局：生态体系的结构要素及其关系

其背后的逻辑是：颠覆性技术通过改变产品的技术结构，重塑产业上游的供应链体系和生态，同时影响下游的销售与服务体系；通过改变产品的功能结构，影响用户的采购动机、采购意愿、产品使用方式以及用户之间的关系。技术结构、上游供应链体系、下游服务体系、用户采购动机等的变化，会影响产业的主体——产品制造商的商业模式、竞争格局等。产品的功能结构决定产品对用户的价值，进而影响产业规模。上游供应链的生态、下游的服务体系和用户购买意愿、产品制造商之间的竞争格局等，决定产业的利润空间及利润在产业链上的分布。在产业竞争格局中，在位者与挑战者及其他利益相关方（如投资者）关注的问题是：哪一方在博弈中会成为最后的赢家，并在未来的产业格局中居于主导地位？下面做详细解读。

产品的技术结构及主导设计

产品的技术结构是指产品的技术构成以及不同技术之间的关系，是支撑关键部件、关键系统研发制造背后的技术、材料、工艺等知识体系的种类与特点，以及将部件集成起来的架构技术等的综合。

产品的技术结构对应着供应链体系。研判产品的技术结构，识别关键技术要素之间的关系，列出关键技术，然后按照关键部件→关键材料→关键资源，沿着产业链向上追溯，将每一关键部件的供应链进行精准刻画，就可以勾画出产品的技术图谱。技术图谱描绘出来后，可以从三个角度对供应链体系的各个环节进行标注。首先，是条件的具备程度。比如条件已经具备的标为绿色，部分具备的标为蓝色，完全不具备的标为红色等。其次，按照各环节的不可替代性、稀缺性进行标注。最后，按照技术的复杂性、新颖性等进行标注。标注后，再评估技术对应的潜在市场规模等。

当然，在产业主导设计尚未形成的阶段，精准刻画产业的技术图谱、供应链图谱，具有非常大的挑战性。但是，哪怕是粗略的图谱，对于创业者选择投资方向、在位者选择转型方向以及选择进入市场的时机，都具有特殊的战略价值。

首先，标注了供应链各环节条件具备（成熟）程度、重要程度、稀缺程度的供应链图谱，有助于判断产业潜在市场转化为现实市场的周期。识别产业链那些不可替代的环节数量有多少、这些环节条件具备的程度有多高，再结合产品功能相对于最佳替代品的优势，就可以比较准确地预估潜在市场转化为现实市场的周期，这对产业的窗口何时打开，对投资时机的把握具有重要的价值。

其次，图谱对判断未来产业创造的价值在供应链体系中的分布，具有重要的价值。通常那些稀缺且不可替代的资源能力的拥有者，在产业价值分配中会处于更有利的地位。

决策者在分析产品的技术结构时，需要特别关注，在产业关键技术领域，产业内核心企业或多数企业所选择的技术模式是否为主导设计（dominant design）。所谓主导设计，是产业内大多数企业和市场上大多数用户所接受的关键技术模式、产品设计或技术标准（Abernathy & Utterback, 1978）。通过对技术模式的改进，可以使产品性能达到或超过客户的期望。主导设计的出现意味着技术的不确定性基本解决，从而改变行业的竞争动态。早期选择了主导设计的企业的先动者优势已经建立，产业竞争开始转入规模、成本、质量、性能等方面的抗衡。如果产业的主导设计尚未形成，意味着目前处于核心地位的企业可能走在错误的技术路线上。当不同的技术模式成为主导设计，可能意味着企业在原有技术路线上的投资失效。

产品的功能结构

产品的功能结构是指产品对客户具有哪些用途，这些用途的优先顺序和组合关系，以及产品为客户创造价值的途径和机制。产品的功能结构及性能指标，对应着产品对用户及其他利益相关者的价值。基于具有颠覆性潜力的技术而开发的新产品，相对于其最佳替代品在功能、性能上的优势越显著，能够为客户创造价值的途径越多，创造的价值越大，其颠覆能力越强。功能、性能影响用户的体验和价值感知，以及用户的采购意愿和采购数量，从而影响产业规模。

网联化、数字化、智能化，是产业创新的重要方向。互联网改变了企业与用户的互动模式，从而对营销策略，包括销售渠道选择等产生重要影响。如小米做手机时通过互联网与用户直接互动，吸引技术型用户参与产品的功能设计，将产品设计与营销、销售紧密结合在一起，将过去研发、设计、采购、制造、销售、服务的线性垂直价值链，转变为设计与销售并行且交互的网络关系，重构了产业生态不同主体之间的地位与关系。技术结构与功能结构的变化，会影响维修、保险等服务的需求，进而对下游的服务业中的不同环节带来机遇或者威胁。

　　智能化除了使产品的功能更为丰富以外，还使得过去不可观察、不可追踪的过程或行为可以非常低的成本进行观察与追踪。这样就可以显著地降低对用户行为与过程进行管理与控制的成本。这很可能使用户结构发生极大变化，比如使过去高度分散的用户更便于集中管理，通过集中使得规模经济效益显著提高。下游的用户如果集中，就会影响用户对生产商的议价能力，进而影响产业的利润空间。

　　谈到智能汽车产业未来格局，禾多科技联合创始人孙玉国认为："大家都有共识的地方是，当自动驾驶时代到来，汽车的属性确实发生了根本的变化，从一个简单的出行工具，变成了一个独立的可移动的智能空间。属性发生变化以后，将来是个人拥有为主还是以机构运营为主呢？乘用车这一块我现在做不出判断。但我认为有一个领域一定有根本性的变化，就是物流行业。有规模的自动驾驶的卡车运营公司一定会出现，这一点我认为是很明确的。"

产业规模

　　产业规模是产品的技术结构、功能结构、性能要求等力量综合作用的结果。产品的功能结构、性能指标，即能够满足用户何种需求、创造何种价值，决定用户的数量或规模；产品的技术结构决定产品制造需要的固定资产投资、元器件制造的材料、加工成本、研发制造过程的复杂性等。

对产业终局进行洞察，产业规模毫无疑问是需要关注的第一个要素。某一颠覆性创新产业的潜在规模越大，吸引力越大。此外，这个产业的产业关联度，对其他产业发展的带动作用，特别是对国家产业竞争力提升的作用，也需要给予足够重视。对其他产业发展的带动力越强，越容易得到政府的支持；产业规模越大，成长空间越大，越容易得到资本的加持。

产业利润空间

产业利润空间是评价产业吸引力非常重要的一环。根据迈克尔·波特的理论，产业利润空间及其稳定性，是上游供应商的议价能力、下游用户的议价能力、现有厂商之间的竞争抗衡强度、潜在加入者、替代品五种力量交互作用的结果。

在产业发展的不同阶段，利润在产业生态体系中的分布并不是稳定的。一般情况下，当产业提供的产品性能不足时，产业链的利润主要集中在产品集成商。当产品性能趋于过剩时，产业链的利润开始向产业链两端迁移，即上游的核心模块供应商和下游的渠道和用户。微笑曲线并不是永恒的真理，一般仅在产品性能过剩阶段成立。因此，当产品性能过剩时，如果理解产业利润分布转移的规律，就可以重新进行战略布局。

一是向产业链上游走，实现技术领先。技术在这个分离和耦合的逻辑中，使硬件产品变得越来越通用化和模块化，企业应掌握核心技术模块。

二是向产业链下游走，实现用户亲密。向下游走，让软件和服务变得越来越可编程，以应对各种不确定性，这就是通过数字化的服务，以软件为载体，以服务为形式，抓住用户，也就是我们常说的"软件统治世界"的来源。

产业竞争格局

智能汽车厂商之间的竞争格局，是指产业达到成熟阶段时，产业是高度集中，还是高度分散，或是居于两者之间的。可以用厂商的数量或者产业集中度来加以度量。

影响产业集中度的关键因素是产业的经济特征。所谓产业的经济特征，是指那些对产业结构具有重要影响的关键特点，如规模经济性、网络效应、数据的黑洞效应①是否显著；客户需求的同质／异质性程度；产业进入壁垒的高低；是否存在对线下服务的需求，若存在，客户的集中／分散度如何；客户转换供应商或转换平台的成本；是否具有显著的先动者优势，并带来规模收益递增，进而形成强者恒强；等等。

如果一个产业，不存在明显的规模经济性和网络效应，包括同边效应和跨边效应，也不存在数据的黑洞效应；客户需求高度差异化，满足不同客户需求需要完全不同的资源能力和运营体系；产业进入壁垒低；线下服务是交易活动的核心，且客户高度分散，最佳服务半径较小；客户转换供应商或平台的成本很低，该产业就会形成高度分散、高度竞争的市场结构。若上述所有因素都相反，该产业就会形成高度垄断，甚至赢者通吃的市场结构。

主流的商业模式

商业模式是企业创造价值、传递价值、分享价值的基本

---

① 数据的黑洞效应是指企业掌握的数据越多，对用户的理解就会越准确，进而能够提供更精准的个性化服务。随着用户在平台上交互行为的增加，进一步丰富了企业的数据，从而将用户牢牢绑定在自己的平台上。这就像宇宙中的黑洞一样，有强大的引力，将周围的一切都吸引过来。

原理（Osterwalder & Pigneur，2010）。商业模式决定公司在众多的潜在用户中到底定位于哪些用户；公司以何种方式将何种资源能力整合起来（哪些内部拥有、哪些与合作伙伴联盟）；开展何种经营活动或者以何种产品或服务为其定位的用户创造何种价值；以何种机制分享价值（收入来源／现金流结构与成本结构／支出结构之差额）。如果说产业规模描述的是未来的蛋糕有多大，商业模式则描述厂商在争夺蛋糕时的打法有什么不同、有什么特点。

比如，在智能手机市场，苹果手机的商业模式（拥有软硬件全部核心能力）与三星、小米等的商业模式明显不同。三星（掌控核心硬件）与小米（主要软硬件来自外部整合）的商业模式也存在显著不同。

商业模式不同，意味着不同企业在产业生态体系中的地位不同，能够分享的价值不同。在数字化时代，虽然产品功能的增加为企业重构功能、性能组合以及创造差异化提供了空间和机会，但按照波士顿咨询公司创始人亨德森的说法，"产业竞争的关键要素数量越多，组合方式就越多"。在智能汽车产业，因为网络效应、数据的黑洞效应、规模收益递增等力量过于强大，产业中可以存在的主流商业模式不会太多，一般不会超过十种。

谁是博弈中的赢家

当颠覆性创新出现后，在颠覆性创新的核心技术领域，在位者与挑战者谁更可能胜出，谁更可能在产业终局中占据主导地位，不仅是博弈双方关注的核心问题，而且是其他关键利益相关者，包括投资者、政府等关注的核心问题。对这个问题做出相对可靠的判断，对博弈双方的战略选择、资源配置决策、未来发展前景，都具有决定性影响。

终局洞察是一个持续动态、逐渐深化的过程。奥林·米勒曾经说过："如果一个人能够绝对地肯定一件事情，要么他无所不知，要么他一无所知。"没有人能够绝对准确地看清未来。在颠覆性创新产业发展的起步阶段，决策者基于洞察产业终局的方法和直觉，形成一个对终局轮廓的基本判断或假设。在这个假设的指导下采取行动，在行动中收集数据，验证或修正假设。随着时间推移以及各种创新性尝试的实施、技术路线的比拼、主导设计的定型，最后不断接近对终局的正确认识。

总之，如果将产业终局视为一个蛋糕，那么产品的技术结构及供应链体系反映蛋糕是如何做出来的；产品的功能结构反映蛋糕的用途，以及对应的产品和服务体系；产业规模代表蛋糕有多大；利润空间代表蛋糕上奶油的厚度；产业竞争格局代表有多少企业来争夺蛋糕；商业模式反映这些企业争夺蛋糕时的打法；在位者和挑战者哪一方会在博弈中胜出，反映谁在未来能够抢到奶油最厚的那块蛋糕；产业主导技术范式的形成，则意味着产业竞争的焦点从技术开发及创新转为规模化生产阶段的质量、成本及差异化的竞争。

产业中的关键机会点，并不仅仅在于能否有效地整合资源，选择合适的商业模式，成功地挤进创新产品生产商的行列，还在于能否在上游供应链体系、下游运营和服务体系中发现新的机会，并选择合适的定位。把这些要素看清楚，基本就把产业终局看明白了，关键机会点、关键控制点也基本识别清楚了。

第 3 章

终局洞察：产业参照的方法

以人为鉴，可以知得失；以史为鉴，可以知兴替。选择特定的参照对象，与之进行对照和比较，是古往今来人们认识自我，认识世界，进行决策的重要手段。决策者的认知参照系，决定其认知水平。

布莱恩·阿瑟指出："技术都是从先前已有的技术中被创造、被建构、被聚集、被集成而来的。换句话说，技术是由其他技术构成的，技术产生于其他技术的组合"。产品的技术结构则是产品的功能结构的支撑。

产品的技术结构与特征、产品的功能结构与特征是决定产业格局的基础。技术的复杂性、成熟性等，既影响产业进入壁垒，也影响上游供应链生态体系的结构。生产工艺方面的特征决定最佳的生产作业组织模式，进而决定产业的规模经济性、产业的资本结构、进入壁垒、产业利润空间等。技术的专业构成、技术进步的速度和节奏，决定企业的人员结构、技术开发过程的最佳组织模式和组织管理逻辑、主流的商业模式。

技术是已有技术的创造性组合，而产品的技术结构及功能结构对产业终局的形成具有重要的决定性作用，我们可以选择与颠覆性产业的技术结构和功能结构相似的产业作为参照对象，分析研究该产业的未来格局。

产业参照方法选择两个参照对象。选择技术结构和功能结构与颠覆性创新技术相似，并受颠覆性创新冲击最大的产业作为最佳替代产业；选择在技术结构与功能结构上类似，并具有先行创新属性的产业作为最佳参照产业，分别描述最佳替代、最佳参照产业的规模、竞争格局、利润空间、主流商业模式，以及产业供应链生态、下游运营与服务生态等指标，再比较颠覆性创新产业的技术结构、功能结构、产业经济特征与最佳替代、最佳参照产业的异同，就可以对颠覆性创新产业的终局进行推断。

洞察终局需要可靠的方法来支撑，而不能仅依靠直觉和想象。产业终局的形成，是由产品技术结构与功能结构决定的产业内在演进规律决定的。

本章基于对产业实践的调研和理论回顾，提出产业终局洞察的参照方法，以提高产业终局洞察的相对可靠性。希望通过提供的方法和工具，使得终局洞察能够从天上落入凡间，使战略专业人员可以通过理性的分析，介入公司的战略决策过程，与企业家的直觉相互佐证，从而改善企业战略决策的质量。

本章的结构是这样安排的，首先，通过理论回顾，识别
"参照"在个人及组织认知与决策过程中的作用；其次，探
讨技术与技术创新的本质，为参照对象选择提供理论支持；
再次，介绍在访谈中发现的在位者和挑战者洞察终局的基
本视角及其局限；最后，提出洞察终局的"产业参照方法"
框架。

⊕ 认知与决策过程中的参照

以人为鉴，可以知得失；以史为鉴，可以知兴替。显
然，自古以来，参照与比较就是人们认识自我、洞察未来的
一种重要方法。

学术界早已发现，参照与比较在认知与决策过程中起着非
常重要的作用。费斯廷格（Festinger，1954）认为，在自我概
念（self-concept）形成过程中，社会比较（social comparisons）
发挥着非常重要的作用。默顿和罗西（Merton & Rossi，1957）
等发现，个体的态度和行为深受其所从属或心向往之的群体
成员的影响。个体的态度和行为方式，是通过参照参考群体

成员形成的。

曼斯基（Manski，2000）等提出的社会互动理论强调，个体投资选择深受其参考群体成员的行为或特征的影响。参考群体成员的行为或特征对个体投资决策的影响不是通过市场的价格机制或者非市场的合同机制来进行协调，而是直接通过个体之间的互动来实现的。这一发现在一级市场中的"跟投"行为、二级市场中基金经理之间的互动行为中已经得到普遍的认证。

特沃斯基和卡尼曼（Tversky & Kahneman，1991）提出的决策参照点理论认为，个体在决策时依据的不是决策方案各种可能结果的绝对效用值，而是以某个既存的心理参照点为基准。实际的决策取决于实际损益量与心理参照点的偏离方向和偏离程度。参照点潜在地决定了个体将某一特定结果编码为收益还是损失，进而影响其随后的决策。

菲根鲍姆、哈特和申德尔（Fiegenbaum，Hart & Schendel，1996）在卡尼曼等（Kahneman et al., 1991）研究的基础上，构建了战略参照点理论，认为企业的战略参照点包括内部参照、外部参照、时间参照三个维度。内部参照维度包括战略投入，如技术开发、产品开发、市场、分销等；战略产出，如盈利、增长、价值创造等。外部参照维度包括竞争对手、

客户、其他利益相关者等。时间参照维度则包括过去、现在
或未来。决策者谨慎选择参照点有助于实现战略协调，从而
提高绩效，形成可持续的竞争优势。

用耶鲁大学已故哲学家 N. R. 汉森（1988）的观点对本
节内容做个总结："不存在单纯视觉意义上的观察。所有的
观察、因果说明，都包含着理论渗透（theory-loaded）。对 X
的观察是由关于 X 的先行知识支撑的。用以表达知识的语言
和符号，也会对观察产生影响。若无这些语言和符号，就没
有可以当作知识的东西。"进一步说，人类对所有现象的观
察和解释、对未来趋势的判断，都受其掌握的理论、积累的
经验、选择的参照系的影响。决策者的认知参照系，决定其
认知水平。

⊕ 技术创新的本质与参照产业选择

理论回顾表明，选择特定的参照对象，与之进行对照和
比较，是人们认识自我，认识世界，进行决策的重要途径。
运用参照方法来洞察颠覆性创新产业终局，判断可靠性、准
确性的关键在于是否选对了参照对象。这涉及对技术及技术

创新本质的认知。

熊彼特认为，所谓创新就是要"建立一种新的生产函数"，将一种从来没有的生产要素和生产条件的新组合引进生产体系中去，开发出一种新的产品、一种新的生产方法、一个新的市场、一个新的供应链，或者一种新的产业组织方式。

杰夫·戴尔、赫尔·葛瑞格森、克莱顿·克里斯坦森（2020）强调，创新者"之所以能有非同凡响的想法，只是因为他们能够把尚未被联系起来的事物联系起来……联系能力是一种可以让你跨越知识领域、产业乃至地域，并将它们联系在一起进行思考的能力……他们通过提问、观察、交际和实验，积极地探求广博的新信息、新想法，这些方式都是进行创造性联系的重要催化剂"。

杰夫·戴尔等（2020）以马克·贝尼奥夫创立 Salesforce 为例，来解释"联系"在技术创新、技术创业过程中的作用。贝尼奥夫在大学毕业后加盟甲骨文公司，很快成为直销部负责人。他看到了亚马逊和 eBay 的兴起，感觉到了重要转折的到来，心中充满创业的激情。他给自己放了一个假，以便能够对未来做更深入的思考。当他在太平洋和海豚一起游泳时，突然灵光一闪："为什么软件企业不能借鉴亚马逊和 eBay 的模式呢？我们现在有了互联网，为什么还在用老办法载入和安装软件呢？一提出这些问题，我就取得了根本性的突破，做 Salesforce 的想法开始萌芽。这个想法源于把企业软件与亚马逊公司联系起来，向软件行业的传统发起挑战。”以往软件都被刻在光盘上，客户要安装软件，就必须经历漫长而昂贵的定制与程序安装过程。贝尼奥夫的想法是将提供软件做成一种服务，通过互联网提供给客户，这样客户一周 7 天、一天 24 小时可以随时获得软件，也可以避免 IT 系统因持续大规模安装和升级而导致的服务中断及其他成本。就这样 Salesforce 问世了。

贝尼奥夫的创新绝非偶然。创新绝非天马行空，无迹可寻。大多数创新源于其他产业、其他企业创新活动的启发，或者从某些技术特征具有相似性的先行创新实践中获得灵感，将其他产业的创新引进新的产业或场景，或者将不同的创新按照市场需求重新组合、集成。比如，PC 是那些致力于将大型计算机小型化、微型化，从而可以从大型机构市场转入家庭市场的企业创新的结果。智能手机则是传统手机、掌上电脑、iPod 技术与功能的融合和重构。

布莱恩·阿瑟（2018）指出：“技术都是从先前已有的技术中被创造、被建构、被聚集、被集成而来的。换句话说，技术是由其他技术构成的，技术产生于其他技术的组合。"阿瑟还提出了组合进化的概念："之前的技术形式被作为现在原创技术的组分，当代的新技术成为建构更新技术可能的组分。反过来，其中的部分技术将继续变成那些尚未实现的新技术的可能的组分。慢慢地，最初很简单的技术发展出越来越多的技术形式，而很复杂的技术往往用很简单的技术作为组分，所有技术的集合自力更生地从无到有，从简单到复杂地成长起来了。我们可以说技术从自身创生了自身，这种机制便是组合进化。"爱因斯坦也曾将创造性思维称为"组合游戏"，并认为这是"建设性思维的本质特点"。

阿瑟（2018）还指出："技术的最基本结构，包含一个用来执行基本功能的主集成（主要组合体）和一套支持这一集成的次集成（次级组合体）。""技术具有层级结构，整体的技术是树干，主集成是枝干，次集成是枝条，最基本的零件是更小的分支。技术具有递归性，结构中包含某种程度的自相似组件，也就是说，技术是由不同等级的技术建构而成的。"

比如，喷气式发动机相对于螺旋桨式发动机是一个革命性的进步，然而，喷气式发动机不过是已有的压气机、燃烧室、涡轮增压等技术的创造性组合。相对于传统手机，智能手机可以视为颠覆性技术，但智能手机也不过是计算机（芯片及核心软件）＋数字成像技术＋无线通信技术等既有技术的创造性组合。技术以何种方式组合，源于"人类需求的召唤"（布莱恩·阿瑟，2018：16）。技术组件的集成或组合是满足未来的目的（布莱恩·阿瑟，2018：19）。

产业组织等领域的相关研究表明，产品的技术结构和功能结构对产业格局的形成与演进具有重要的影响。技术的复杂性、成熟性等，影响产业进入壁垒，也影响上游供应链生态体系的结构。产品技术的复杂性及专业构成、技术进步的速度和节奏，决定企业的人员结构、技术开发的最佳组织模式和管理逻辑。技术特征影响产业的商业模式创新的空间和主流商业模式的选择。

生产工艺方面的技术特征决定最佳的生产作业组织模式，进而决定产业的规模经济性，包括生产端的规模经济性和用户端的规模经济性。生产端的规模经济性，会影响产业的资本结构，包括产业进入的资本壁垒。产业进入壁垒、规模经济性等则是影响产业竞争格局、利润空间的一个关键因素。产品的功能结构及特征，影响潜在市场的规模，进而决定产业的规模、客户的黏性等。

显然，技术（包括颠覆性技术）是已有技术的创造性组合，而且技术具有层级结构。产品的技术结构及功能结构对产业终局的形成具有决定性作用。既有技术，毫无疑问在其他产业中已经得到应用，因此，我们可以将颠覆性技术的核心组成部分过去所处的产业作为参照对象，分析研究该颠覆性创新产业的未来格局。

⊕ 产业实践中终局洞察的参照视角

调研发现，面对汽车智能化、网联化的趋势，决策者洞察产业终局，都不自觉地采用了参照的方法，但在位者和挑战者选择的参照对象有明显的不同。

在汽车制造业，在位者有悠久的历史、深厚的底蕴、引以为傲的业绩，经历了无数次技术变革的冲击和洗礼。它们在洞察未来时常常自然而然地进行纵向参照：我们过去如何、现在所处的环境和拥有的资源如何、未来将会如何，即从产业历史、现实出发，结合技术变化趋势来推断未来。

曾任日产北美西区总经理、宝沃汽车集团总裁，现任汽车之家副总裁兼主机厂事业部总经理杨嵩的看法非常具有代表性："无论汽车技术发生何种变化，增加何种功能，交通工具永远是第一位的。作为交通工具，汽车的安全性的重要性强调到何种程度都不为过。从技术的角度看，汽车的制造要复杂得多。传统车企百年来在保证汽车安全性、舒适性等方面的深厚底蕴，不是一朝一夕就可以模仿或超越的。"

传统车企领导人谈到汽车工业，出现频率最高的词语是安全性、碰撞测试、供应链、量产、制造的复杂性等。他们最关心的问题是如何维护在汽车产业生态中的主导地位。与克里斯坦森（2014）的研究一致，他们非常关注现有产品销售，关注主流客户需求，对那些能够增加产品销售的智能功能并不排斥。他们在处理对外合作方面的典型行为是：坚持用整合传统机械硬件的方式，去整合与集成一切资源，包括智能软件和硬件。他们将需要整合的技术拆分为多个模块，分包给不同的供应商；尽力将供应商分散化，增加自身的选择空间与控制能力，从而维持在产业中的主宰地位。

比如，上汽集团借助与大众、通用汽车等跨国车企的合资，逐渐与主流的一级、二级供应商建立起合作关系，构建起了自己可以掌控的供应商体系和产业链生态，提高了自主品牌的打造能力。随着汽车电动化、智能化的趋势日益明朗，上汽集团清楚地意识到了传统汽车的核心部件发动机、变速箱将被电池、电机和电控系统取代，汽车的机械结构将极大简化，其核心价值取决于软件。但上汽依然纠结于"不想失去灵魂"，坚持用控制传统供应商的策略来对待智能技术合作伙伴。

在多数传统车企看来，汽车业现有格局在某些方面做小幅度的调整，就是汽车产业未来的终局。事实上这也是过去近百年来的基本情况。

同样的场景，历史上曾经多次上演。比如 2007 年 1 月，面对苹果发布 iPhone——宣称要用"杀手级的应用"来"重塑手机的意义"，微软 CEO 鲍尔默说："这是世界上最贵的手机，但它对商务人士没有吸引力，因为没有键盘。"诺基亚 CEO 康培凯说："苹果不会对诺基亚造成任何影响，因为诺基亚专注做手机很多年了，同时又拥有满足任何价位和需求的产品线，而苹果只有一款产品。"诺基亚的工程师说："这部手机太不经摔，一定没有未来。"面对苹果希望提供低价、低能耗手机芯片的请求，英特尔却因手机芯片价低无利而回绝，PC 时代的芯片王者就这样与庞大的移动市场擦肩而过。微软则错过了移动操作系统的巨大市场和生态系统。

当颠覆性创新出现时，在位者的认知多数都经历这样一个过程：从最初的无视，到不得已关注，再到无可奈何花落去的慨叹。正像诺基亚 CEO 约玛·奥利拉在记者招待会上宣布同意微软收购时所说的："我们并没有做错什么，但不知为什么我们输了。"

　　面对新技术模式的挑战，这些历史悠久并在产业中居于主导地位的企业，或多或少都习惯于纵向思维：参照历史经验，推断未来产业格局。这种纵向思维模式在外部环境相对稳定，或者变化是连续的、渐进的时，是行之有效的。但是，当颠覆性创新出现时，成功往往是失败之母。参照过去，已经不能为未来指明方向了。

　　挑战者在洞察智能汽车产业未来时，常常选择那些具有智能属性的产业进行横向参照。雷军解释小米为什么要造车时，幽默了一下："智能汽车就是把一个大手机装上 4 个轮子。"这种说法有点儿调侃李书福的"沙发 + 轮子"的意思，但确实在某种程度上反映了他对未来智能汽车产品技术结构与功能结构的看法。

　　四维图新 CEO 程鹏在 2022 世界新能源汽车大会上做题为"汽车智能化背后：数据确权、数据安全与数据闭环'新'思路"的主题演讲，将智能汽车与 40 年前的 PC、20 年前的智能手机做了类比，强调智能汽车作为继智能手机后兼顾个人消费和产业数据、时空信息融合交互的"第三空间"智能终端，其驾驶智能、交互智能、服务智能、空间智能等智能化，让人充满想象。

四维图新刘兴鹏说:"关于汽车制造业的未来格局,我一直把智能汽车行业与其他智能行业对比来看。诺基亚曾经非常辉煌是吧,全球企业的榜样。但现在呢?江湖中的某个角落里还偶尔露一露面,有一点点声音而已。智能汽车将像智能手机一样,开辟一个全新的市场空间。"

中信证券研究部分析师陈俊云、许英博在对智能汽车产业未来格局进行判断时,同样以智能手机产业为参照,把智能汽车与智能手机的技术结构进行了详细对比,通过复盘iPhone导入市场后全球手机产业15年的发展历程,得出智能手机产业经历了"总量高增长,百家争鸣"到"总量低增长,产业集中度提升"的结论,进而判断智能汽车产业的未来格局也将"先分散,再集中"。

向荣清能汽车联合创始人毛海则认为,预测智能汽车产业未来的格局,"机器人产业的发展历程,是一个非常好的参照。机器人的技术原理与智能汽车的技术原理的相似性更高"。

显然,挑战者通过选择产品技术结构、功能结构具有相似性的先行创新产业,如智能手机、PC、机器人等为参照,推断智能汽车产业的未来。

在位者与挑战者拥有的知识背景和产业经验构成了双方

战略思维和解读未来的认知参照系。在位者在产业内深耕多年，拥有深厚的产业知识，对产业发展的纵向历程有切身的经历和深刻的体验，对产业的关键技术有丰富的知识储备，对主流客户的需求有深入的理解和把握，判断未来格局时，常常进行纵向参照。

挑战者的创业灵感来自将具有未来属性的技术与自身业务创立新的联系，采用的创新性技术源自不同产业技术的创造性组合。因此，它们对所选择的技术组分及其所在产业的发展有更多的分析和研究，对创新技术有丰富的知识储备，它们洞察未来时，常常进行横向参照。

纵向参照有助于理解产业演进的历史逻辑，识别驱动产业发展的内生性力量，制订完美的运营计划，通过满足主流客户需求驱动收入增长。但纵向参照往往对来自产业外部的颠覆性冲击视而不见。横向参照有助于拓宽决策者的视野，从参照的先行创新产业的演进方向与历程中获得战略启迪，但也常常使挑战者站在批判的视角看待在位者，对产业成功的关键要素缺乏深入的理解，陷入理想很丰满、落地很艰难的窘境。将纵向参照与横向参照有效融合，是洞察产业终局的最优路径。

⊕ 产业参照方法的概念模型

"终局"是一个与时点（timing）高度相关的概念。本书将产业终局定义为某一创新性产业经过导入期和高速成长期，达到相对稳定阶段的产业格局或状态。

面对颠覆性创新，在位者洞察产业终局的核心目的有两个：一是判断产业未来的演进方向，为公司选择战略转型方向和资源配置提供支撑；二是判断颠覆性技术对现有产业颠覆的范围和幅度，识别转型的周期和成本，判断转型成功的概率。创业者洞察终局的目的则是判断创业机会的价值、创业机会在产业生态中的分布，以决断自身的战略定位，明确战略方向和愿景。

看清终局，需要判断产业达到相对稳定阶段的产业规模、利润空间及其稳定性、竞争格局、主流的商业模式。另外，还要关注产品技术结构决定的上游供应链的生态与结构、下游服务体系的特点与结构；产品的功能结构决定的下游用户及产品运营商的特点与结构等。当颠覆性创新出现时，商业机会不仅分布于创新性产业中，而且分布于产业上游的供应链体系和下游的用户服务、运营体系中。

根据对技术创新本质的认识，基于洞察终局的核心目的，图3-1给出了一个将纵向参照与横向参照结合起来的终局洞察的产业参照模型。

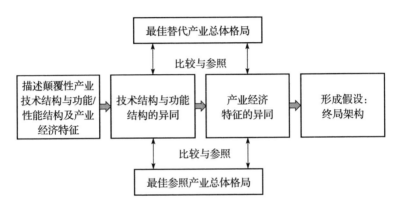

图3-1　终局洞察的产业参照模型

这个模型的核心是从产品和产业两个层次将颠覆性创新产业与最佳替代产业、最佳参照产业的技术结构、功能/性能结构，以及产业经济特征进行识别描述。

产品的技术结构和功能结构在第2章中已有论述，此处不再赘述。性能是指实现特定功能时达到的水平或表现出来的质量和效率。产品的功能结构及性能指标，对应产品对用户及其他利益相关者的价值。基于具有颠覆性潜力的技术开发的新产品，相对于其最佳替代品在功能、性能上的优势越显著，能够为客户创造价值的途径越多，创造的价值越大，其颠覆能力越强。功能、性能影响用户的体验和价值感知以及用户的采购意愿和价格敏感性，从而影响产业规模及利润空间。

从方法和过程的角度，洞察产业终局包括三个关键步骤：

首先，寻找最佳替代产业。所谓最佳替代产业，是指当某种潜在颠覆性创新出现时，受到直接冲击或影响最大的产业。如1994年贝索斯创立亚马逊时，其最佳替代产业是传统的线下书店、音像制品店等。智能手机出现时，其最佳替代产业是传统手机业。智能汽车的最佳替代产业毫无疑问是传统汽车制造业。描述最佳替代产业的产业规模、竞争格局、利润空间、主导设计、主流的商业模式、产业供应链及结构、产业运营服务体系及结构等指标。

其次，寻找最佳参照产业。所谓最佳参照产业，是指产业提供的产品或服务在技术上、功能上相似，在创新的时间进程方面具有领先性，同时产业总体格局基本清晰的产业。最佳参照产业不是唯一的，基于不同的研究目的，可以选择多种最佳参照产业。

最佳替代产业、最佳参照产业的总体格局均为客观现实，只需收集全面、准确的数据，就可以清楚、明确地描

绘。将最佳替代产业、最佳参照产业的格局描述清楚，洞察
创新性产业终局时，就有了参照的基准。

最后，识别颠覆性创新产业与最佳替代产业、最佳参照
产业在技术结构、功能结构及产业经济特征方面的异同，对
未来的产业规模、竞争格局、利润空间、主导设计、主流的
商业模式、产业供应链及结构、产业运营服务体系及结构等
指标进行判断。

以技术结构、功能结构具有相似性，且创新方面具有先
行性的最佳参照产业为参照对象，有助于看清变化的方向。
以总体格局清晰明确的最佳替代产业作为参照基准，有助于
看清变化的范围和幅度。将二者结合起来，我们就能够对产
业终局做出基本判断。

总而言之，产业终局的形成既有由产品的技术结构、功
能结构及产业经济特征决定的内在规律，又是在位者与挑战
者在政府、资本等力量加持下相互博弈的结果。博弈主要决
定走向终局的过程，也影响竞争格局的形态和构成，特别是
哪一方在最终的格局中占据主导地位。

本章回顾了态度理论、参考群体理论、社会互动理论、
决策参照点理论、战略参照点理论等文献，发现无论是个人
的自我认知、投资决策，还是企业的战略决策，选择特定的

对象进行参照，都是一种普遍采用且行之有效的方法。

对技术及技术创新相关文献的回顾可知，颠覆性创新并非无源之水，无本之木。"技术是由其他技术构成的，技术产生于其他技术的组合"（布莱恩·阿瑟，2018），"联系能力是一种可以让你跨越知识领域、产业乃至地域，并将它们[①]联系在一起进行思考的能力"（杰夫·戴尔等，2020），或者是从其他（产业）创新实践中借鉴的结果。因此，研究颠覆性创新技术的构成，可为参照产业的选择提供方向。

调研发现，拥有悠久历史、深厚底蕴、经历了无数次技术变革洗礼的传统车企，面对智能汽车的潜在冲击，习惯于纵向参照：从汽车产业的历史、现实出发，结合技术变化趋势来推断未来。挑战者则常常选择那些具有智能属性的产业，进行横向参照。其中，手机是参照频率最高的产业。

基于理论回顾和产业实践，本章构建了一个将纵向参照与横向参照相结合的终局洞察的产业参照模型，从产品和产业两个层次，将颠覆性创新产业与最佳替代产业、最佳参照产业的技术结构、功能结构以及产业经济特征进行识别描述、比较参照，从而形成对颠覆性产业终局架构的判断。博弈的双方哪一方更可能胜出，则留给下一章专门讨论。

---

① 它们指不同的技术。

04

第 4 章

智能汽车产业终局：参照方法的应用

以传统汽车产业为最佳替代产业，以智能手机产业为最佳参照产业，对智能汽车产业达到成熟阶段的产业格局做出如下判断：

● 智能化改变了产业链的组合关系，使车企的收入来源重构为硬件销售、软件服务、汽车运营服务三大部分，产业营收规模将倍增。

● 相对于传统汽车需求量的自然增长速度，智能汽车需求量的相对增长速度将会略低，但智能汽车产业总需求量一定会显著增加。由于部分制造企业会直接运营汽车，智能汽车直接触达的所有者数量将相对减少。

● 产业整体利润空间将明显增大，其中排在前两位的企业在产业中攫取的利润将明显高于其他企业。

● 整车制造产业容纳企业的数量将多于传统汽车制造业，最大两家企业在全球市场的份额将远高于传统汽车制造业最大两家企业所占市场份额。全球市场范围内拥有智能驾驶系统供应能力的企业仅为2～4家。

整车制造企业的商业模式主要包括以下类型：

● 掌控核心软件（智能驾驶系统）和关键硬件（重要芯片、关键传感器等）的整车制造及运营型，是产业生态价值的掠夺者。

● 独立的核心软件（操作系统＋智能驾驶系统）提供型。有点类似于谷歌（安卓），但不大可能出现一个免费的智能驾驶系统。

● 掌控上游关键部件或模块的整机制造及运营服务提供型。类似于三星在智能手机产业中的模式。

● 掌控流量（车辆运营和用户需求）的后向垂直整合型。汽车运营方（如优步、滴滴、大型物流公司等）后向一体化，委托代工厂完成制造。

● 专注于设计（ODM）与制造（OEM）的专业制造型。类似于富士康。

● 专业化的全产业链资源整合型。类似于小米、vivo 的智能手机模式。这类企业除了制造独立品牌的智能汽车以外，还可能进入汽车运营市场。

根据第 3 章提出的终局洞察的产业参照模型，本章对智能汽车产业未来的格局进行推断，以检验产业参照方法的有效性。毫无疑问，受智能汽车产业冲击和影响最大的产业——最佳替代产业，就是传统汽车（汽、柴油汽车）制造业。最佳参照产业，根据第 3 章"产业实践中终局洞察的参照视角"的介绍，选择智能手机产业。

⊕ 最佳替代产业：传统汽车产业

传统汽车的技术结构与功能结构

汽车制造技术极为复杂，涵盖的技术可分为汽车工业技术以及相关工业技术（何琳，2013）。

汽车工业技术包括零部件技术与整车技术。零部件分为核心部件、特性部件和标准部件。核心部件包括发动机、变速器、底盘等。这些部件决定整车最为关键的技术参数，如燃油效率、安全性、舒适性、环保性等。核心部件设计和制造背后是复杂的多领域的专业知识，掌握难度大，进入壁垒高。世界主要整车制造公司通常自制这些核心部件，或者从关联公司采购。少数一级供应商也研制这些核心部件。

特性部件是指那些价格较高，通常需要做大量专用资产投资的部件，如汽车内饰件、电子系统、保险杠、空调、座椅等。整车制造商通常会向长期合作的战略供应商采购这些部件，有时也要求供应商参与重要部件的研发。

标准部件主要包括汽车紧固件、玻璃、轮胎、蓄电池等。这些部件标准化程度高，供应商数量极多，整车制造商通常外购。

　　整车技术包括架构技术和制造技术，是整车企业核心竞争力的体现。汽车是由数万种零部件组成的复杂产品，整车开发不仅需要研发设计核心部件及特性部件，而且需要谨慎设计各零部件之间的连接和配置方式，以达到产品整体系统的最优。将这些部件以何种方式连接和配置为最优的技术便是架构技术。制造技术包括工艺设计与开发、流水线生产制造两个环节。工艺设计与开发确定把设计转化为产品方案，是介于产品设计与大规模流水线生产之间的环节，具体包括开模具、试组装、试验、下线、进行生产准备。工艺设计与开发完成后，生产任务就可以交给车间。一个成型的产品在生产过程中仍可能对原设计进行持续改进优化，而这种改进仍然主要由设计部门来完成。完成工艺设计与开发之后，产品进入流水线生产环节，通常包括冲压、焊接、涂装、总装四大工艺。

　　相关工业技术主要包括材料、电子、冶金、仪器仪表、化工、电池等。它们是汽车产业的上游，其技术创新通常在本产业内完成，然后在汽车产业中应用。不过，一些跨国汽车企业也可能参与这些领域的技术创新，有时甚至涉及其中的前沿研究。例如，丰田公司的基础和前沿研究涉及能源技术、环境技术、信息技术、电信技术、材料技术等。[1]

---

　　① 上述关于汽车技术结构的内容，参考了何琳：《我国汽车企业外部技术整合发展路径及能力演化研究》，北京交通大学博士论文，2013。

近几十年来，汽车制造的自动化水平不断提高，大量先进制造装备，包括机器人等广泛应用到生产线中，在提高了效率和质量的同时，也显著提高了生产的固定成本。汽车制造业可以称为典型的技术和资本密集型产业。

传统汽车的技术结构与供应链生态的结构及特点

汽车制造的技术结构决定了汽车产业链生态的基础框架。

首先，高度复杂的技术结构、数以万计的零部件数量（其中包括大量与车型相联系的特性部件），决定了上游供应链极其分散的结构。仅仅中国就有 10 万家左右的零部件供应商。除了部分拥有独特资源能力的一级供应商外，大多数供应商的议价能力都非常弱。

其次，零部件供应商的成本高度透明。由于产业高度分散，竞争激烈，加之主机厂曾经深度纵向整合，上游大多数零部件的成本对主机厂都是高度透明的。这使得主机厂能够利用垄断地位和价格机制，将零部件企业的利润控制在其可接受的最低水平，同时也使零部件企业在效率方面的竞争达到极致。

在汽车产业生命周期不同阶段，市场竞争格局的变化影响供应链生态演化的方向与速度。汽车制造业在发达国家市场及中国已进入成熟期，在印度、东南亚等国家还处在成长阶段。

在已进入成熟期的国家，市场需求增长缓慢，同时客户需求日益个性化。主机厂为争夺市场份额，不断提高新产品推出的频率，提高制造过程的柔性化水平。主机厂的这种战略调整，使主机厂与上游零部件企业之间的关系出现如下几种变化。

首先，零部件非标准化，进一步强化了零部件企业对主机厂的依赖关系。汽车市场进入成熟期以后，为适应客户日益个性化的需求，主机厂不断通过差异化战略来创造竞争优势，而产品差异化进一步加剧了零部件的非标准化。

其次，零部件模块化趋势显著。主机厂为快速推出新产品，产生了对零部件模块化的需求。技术实力较强的零部件供应商为提高产品附加值及对主机厂的议价能力，有强烈的集成零部件将其模块化的动力。双方需求的契合进一步推动了主机厂和供应商的合作，加速了零部件的模块化。

在主机厂与供应商博弈过程中，供应商网络逐渐分化、分层，形成了三级架构体系。一级供应商直接向整车制造商提供模块总成，双方形成直接的合作关系，相互参与对方的研发和设计，是推动汽车零部件技术进步和形成汽车零部件产业的核心力量。二级供应商主要向一级供应商提供配套，生产专业性较强的零件和组件。在该层次有众多企业形成了一定的技术优势和规模优势。三级供应商研发能力较弱、规模较小，生产较为低端的非核心零件。

最后，零部件非标准化＋快速推出新产品，使得产品批量降低，零部件商的规模经济性受限，对制造系统的柔性化要求提升，也提高了零部件备件的存货成本。

主机厂通过差异化创造竞争优势的战略，使得产品更新速度大大加快。一款车可以热卖多年的时代一去不复返。各方的规模经济性都明显下降，对制造系统的柔性化要求明显提升。

传统汽车的功能结构与产业链下游的生态结构

传统汽车的核心功能非常简单，就是由人来驾驶的机械交通工具、运输工具，伴随轻度的娱乐，如音响、广播等功能。虽然功能简单，但极其重要。相对于人力、畜力交通运输工具而言，汽车的出现是一个革命性的进步，不仅有效地解决了交通运输的速度、重量、体积等问题，而且是第二次工业革命重要的组成部分和推动力量。

销售与维修服务由以 4S 店为核心的体系完成。几乎每一个主机厂都建立了自己的 4S 店体系，负责新车销售、车辆维修、零部件供应、问题反馈等。

下游购买方可以分为乘用车市场和商用车市场。总体而言，乘用车、商用车买方高度分散，基本没有议价能力。乘用车市场中，出租车行业因为产业进入需要行政许可，个人通常无法获得运营牌照，所以每个城市的出租车行业都比较集中，除少数一线城市外，通常为 1～3 家。最近这些年，滴滴等网约车平台的兴起，在为司机提供更便捷的接触客户渠道的同时，也使得出租车市场形成了全国性运营商与城市运营商共存的格局，这两种客户在市场上具有一定程度的议价能力。集团用户，如政府机构、大型企业等，多对价格的敏感性较低，讨价还价意识不强。

传统汽车产业的经济特征

1. 规模经济性和学习曲线明显。汽车制造业存在显著的规模经济性，大规模生产的企业具有明显的成本优势，同时，学习曲线较为明显，在生产过程中不断学习、积累经验，对成本控制、质量控制等带来较为明显的优势。

2. 产业进入壁垒高。由于需要大规模的固定资产、品牌塑造、销售渠道等方面的投资，以及政府对产品安全标准的控制，产业进入壁垒高。

3. 价格收入比高。对于大多数家庭而言，汽车属于价格昂贵的耐用消费品，使用周期长，更换频率低。

传统汽车制造业不存在与数字经济相联系的网络效应，如同边效应、跨边效应等。

传统汽车产业主流的商业模式

站在主机厂的视角，主流的商业模式在漫长的发展和演进过程中逐渐趋于同质化。除了极少数几个小规模超豪华品牌之外，全球主要汽车集团的商业模式相似度比较高。其核心框架大致如下。

1. 客户定位：每一个主要的汽车集团都通过不同的品牌、同一品牌下的不同车型，来覆盖高中低不同层次的市场，可以视为全市场覆盖战略。

2. 价值主张：通过安全、环保、舒适的交通工具，来满足不同类型客户的交通出行需求、货物运输需求。

3. 实现价值主张需要开展的经营活动：产品研发设计、供应链整合与管理、精益制造、营销与销售、服务。

4. 核心资源与能力：核心部件（发动机、变速器、底盘等）技术、架构技术、整车设计制造所需的厂房和设备、品牌塑造与营销、销售网络与渠道、服务体系。

5. 关键合作伙伴：多级零部件供应商、销售及服务网络。

6. 渠道：4S 店体系。

7. 成本与支出结构：研发设计、采购、制造、营销与销售等相关的固定成本和可变成本。

8. 收入来源与现金流结构：产品销售。

不同汽车集团的差异主要体现在与历史和文化相关的产品设计理念、供应商关系治理模式、内部垂直整合程度等方面，这里不再详述。

产业特征指标：产业集中度、利润空间、产业规模

汽车制造业存在显著的规模经济性，加上技术的复杂性、高昂的固定资产投资、品牌塑造的艰难、渠道的锁定等因素，导致汽车产业有很高的进入壁垒。这些因素的结合，

使得汽车制造业集中度非常高。2021 年全球最大 10 家车企占有 65% 的市场份额，5 家车企占 44% 的市场份额。[①]

虽然统计口径存在差异，但总体看，自 2008 年全球金融危机之后，全球汽车销量从 6 400 万辆左右逐年增长，到 2017 年达到约 9 500 万辆的峰值；2018 年开始下降或者波动。2021 年为 8 015 万辆，2022 年则降到 8 000 万辆左右。因为用户中的一部分是机构用户，所以汽车制造业每年可直接触达的用户数量将低于 8 000 万。[②]

截止到 2022 年全球汽车保有量为 14.46 亿辆。[③] 由于拥有车辆的用户既有拥有许多汽车的机构用户，又有个人用户，而个人用户可能拥有多辆汽车，所以汽车可以直接触达的用户数量一定会明显小于 14.46 亿。

以销售额或产值度量，汽车工业可谓全球最大的产业。2021 年仅十大车企的销售额就达到 15 060.8 亿美元。[④] 全球汽车制造业的总销售额超过 2 万亿美元应不是问题。

---

① 根据汽车之家数据整理，https://chejiahao.autohome.com.cn/info/10227246/。

② 陈梦宇. 2020 年全球汽车销量降 13%　中国市场份额升至 32%.（2021-02-07）. 中国经济网，http://auto.china.com.cn/news/20210207/710867.shtml；网上相关数据.

③ https://baijiahao.baidu.com/s?id=1744998775845602087&wfr=spider&for=pc.

④ 戏说金融. 全球十大车企：大众逆转丰田位居第一，特斯拉、比亚迪皆未入围，https://www.163.com/dy/article/HBF3ESM90539ADBX.html.

虽然汽车制造业竞争者数量少并且对上游供应商具有较强的议价能力，但由于不同厂商的商业模式及产品结构相似度高、行业生产的固定成本高、生产能力存在一定过剩，加之退出障碍较大，这些因素综合作用的结果，使得产业利润空间并不大。2021 年 Top10 汽车企业的利润率均值为10.16%，分布在 3%～15% 之间，从长期看有逐渐下降的趋势。

⊕ 最佳参照产业：智能手机产业

如前所述，多数科技公司在预判智能汽车产业终局时，常把智能手机、PC 等作为参照对象。下面，我们就将智能手机产业作为最佳参照产业，对产业总体格局进行概括性描述。

智能手机的技术结构与供应链的基本特点

智能手机的主要部件有处理器、存储器、输入输出设备（显示屏、USB 接口、耳机接口、摄像头等）及 I/O 通道。手机通过空中接口协议（例如 GSM、CDMA、PHS 等）和基站通信，实现语音和数据传输。其中，中央处理器芯片是智能手机的核心部件，是智能手机的控制中枢。

手机厂商通过架构技术，将上述核心元器件及其他辅助配件连接和配置起来，通过提供消费者欢迎的形象和使用体验，实现相应的功能。架构技术主要体现在主电路板上各部件之间通过数据软线或触点相连接，负责手机信号的输入、输出、处理以及整机的供电、控制等工作。主电路板中包括很多手机专用芯片，如射频芯片、射频功放芯片、处理器芯片、电源管理芯片、存储芯片、触摸屏控制芯片等。

智能手机的电路负责供电、控制以及手机各种功能的实现。电路主要包括射频电路、语音电路、处理器及存储器电路、电源及充电电路、操作及屏显电路、接口电路以及其他功能电路（如蓝牙、天线、收音、传感器、振动器、摄像头电路等）。

智能手机的照相系统包括由多个镜头、图像传感器、马达等构成的光学影像模块。

智能手机的另一个重要部分是软件，包括操作系统和应用程序。在苹果 2007 年推出智能手机 iPhone 以后，操作系统市场曾经出现过短暂的多平台竞争格局，苹果的 iOS 系统、谷歌的安卓系统、微软的 Windows（mobile）Phone、诺基亚的塞班、黑莓的 BlackBerry OS 等都曾雄心勃勃，但由于操作系统平台极其显著的网络效应、规模收益递增等的作用，最后只有两家胜出。安卓系统以开放协议的方式免费给其他手机制造商使用。苹果的 iOS 系统则是一个比较封闭的完全由苹果自用的系统。华为的鸿蒙系统（Harmony）在技术层面已经可以立足，但能否构建可与安卓和苹果 iOS 抗衡的生态，尚待检验。

智能手机的应用程序包括社交网络、娱乐、办公、支付、交通出行、消费、安全等各个方面，数量众多，几乎覆盖我们生活、工作、休闲的各个场景。

智能手机的供应链更为集中，属于典型的创新驱动、速度驱动。相对于传统汽车制造业而言，手机元器件的数量和种类要少得多，加之关键元器件产业的进入壁垒非常高，使得智能手机的供应链体系要集中得多。比如，智能手机核心硬件中央处理器芯片、图形处理器芯片以及其他各类芯片的供应商虽然近年来数量有所增加，但依然非常有限，其中三星、联发科、苹果、华为、高通、展讯通信、台积电、博通（Broadcom）、赛灵思（Xilinx）、英伟达等，占据了全球市场的绝大多数份额。射频连接器、声学、光学、电池等部件，供应链也比较集中。

　　智能手机模块化受阻。自 2013 年开始，谷歌曾经大力推动模块化手机，力图让手机和电脑一样，用户只需购买集成的模块化配件，就可根据自己的需要组装出一台理想的机型。这一构想最初提出时曾得到广泛认可，但多年努力后发现，智能手机体积小，各个高精配件的最优匹配需要整体设计，局部最优并不意味着整体最优。模块组合的手机在空间利用率、外观美观性、运行协调性方面，特别是软件和硬件之间的协同性方面，很难达到一体化设计与整合的手机能够达到的水准。因此，手机配件模块化仅仅在相机、摄像、音响等模块方面得到了部分厂商的认可。

　　关键配件定制化趋势增强。苹果、三星都根据自己的客户定位和差异化战略，独立设计手机关键配件。三星的绝大多数配件不仅自己设计，甚至独立制造。近些年，中国智能手机厂商如 vivo、小米等，也着手与供应商合作，共同设计关键元器件，或者要求供应商按照其差异化战略的需要定制专用的元器件，以增强公司差异化战略的实施能力。

智能手机的功能结构与手机厂商收入来源的结构

　　智能手机除了通信、上网以及摄影摄像等基础功能外，通过应用程序已经触及我们工作、生活、娱乐、休闲、出行相关的大多数场景，成为不可替代的使用频率最高的工具。

有些厂商，如小米，还将手机与其他家用、办公用产品，如笔记本电脑、电视、音响、iPod、洗衣机、窗帘、照明系统等，实现互联，把手机作为这些产品的控制器、连接器，或者实现跨屏显示、相互投屏等。

智能手机是现代社会最重要的使用频率最高的个人电子消费品，需求极为刚性，一旦使用便会终身使用，而且更新频率较高。用户高度分散，基本没有议价能力，是市场价格的接受者。

智能手机技术结构、功能结构的变化，改变了智能手机厂商收入来源的结构。比如，苹果收入结构中除硬件收入外，软件服务收入在其收入结构中的占比不断提升，近年已经超过 20%。软件服务包含 App Store（应用商店）、音频与视频流媒体 Apple Music 和 Apple TV+、iCloud 存储、AppleCare（保修）、与谷歌搜索引擎许可协议的广告收入、Apple Pay 和其他产品的支付费用等，它们在利润中的占比更高。虽然苹果不公布不同业务的利润贡献率，但据 Epic 专家巴恩斯估算，苹果 App Store 在 2018 财年的运营利润率达

74.9%，2019 财年的运营利润率达 77.8%[①]。从小米的年报中可以看到，小米的软件及互联网服务收入在其总收入中的占比在 10% 左右。

智能手机产业的经济特征

核心硬件具有极快的技术进步速度，并与软件升级高度协同。智能手机的硬件，特别是芯片，其技术进步速度遵循摩尔定律。其他关键硬件进步速度也很快，使得产品生命周期比较短，更新频率比较高，无法跟上产业技术进步的企业将被淘汰出局。

手机生产方面的规模经济性。产量扩大，设计、采购、制造、营销、销售方面的规模经济性都很明显。

操作系统具有显著的用户端规模经济性。操作系统等软件生产需要投入的主要是人工成本。设计和生产一款强大的操作系统绝非易事，所有这些成本都是前期沉没的。系统一旦生产出来，不同用户都可以拥有和使用，并不排他，除了动态升级和维护需要增加一定的成本外，因增加用户使用软

---

① Epic 专家估算，苹果 App Store 利润率接近 80%.（2021-05-02）. https://readhub.cn/topic/85U1MXzjP2M.

件而增加的成本基本为零。本章将用户规模扩大导致的产品单位成本下降的现象称为"用户的规模经济性"。在软件业，用户规模或市场份额对竞争优势特别是价格优势起决定性作用。硬件生产的规模经济性与软件用户的规模经济性完全不在一个数量级上。

应用程序提供商与消费者之间存在强跨边效应。手机的功能很大程度上取决于手机上的应用程序。比如，使用苹果手机的消费者越多，就有更多的应用程序开发商愿意基于 iOS 系统开发出更多功能强大的应用程序；应用程序越多、功能越强大、体验越好，就会有更多的消费者使用苹果手机。

转换成本较高。主要手机厂商都通过开发一些独有的应用程序，改进客户体验，提高客户转换平台成本。比如，苹果通过一些自带的软件，如 Apple TV+、健康、音乐、Safari、iTunes、App Store、Apple Pay 等，提高客户转换平台的成本，增加客户的黏性。

产业壁垒不高但生存极其艰难。如果选择安卓操作系统，外购芯片等关键部件，手机产业进入的技术壁垒并不高；手机制造需要的固定资产投资规模、产品准入标准的限制也不是非常高。手机是消费者使用频率最高的电子消费品。客户的体验，包括心理上和性能上的体验，对其购买决策有决定性的影响。能否迅速在消费者心智中抢占独一无二的地位，决定企业的生存能力。这一方面有赖于厂商强大的品牌影响力和品牌忠诚度，以及分销网络和渠道的建立；另一方面则需要构建强大的供应商网络及生态系统，使供应商与企业的创新保持协同。智能手机产业是比较典型的"进入容易但活下来很不容易"的产业。

领先者拥有更多的收入来源和更可靠的现金流。手机厂商市场份额越高，可以触达的用户越多，就可以更多地作为应用程序提供商的渠道而获得收入分成；为应用程序提供商提供广告服务等创造新的收入来源；还可以通过专有的应用程序，为客户提供金融、支付等服务获得收入。苹果的软件收入在其收入结构中的占比逐渐提升，近年的占比已经超过20%。小米的软件和互联网服务收入在小米总收入中的占比在 10% 左右，在利润中的占比应该更高。

智能手机产业主流的商业模式

不同于传统汽车制造企业的商业模式大致相同的情形，智能手机产业的商业模式更为多元。下面选择代表性企业的商业模式进行详细介绍。

苹果：定位于中高端市场的核心软硬件控制型

苹果是智能手机产业的定义者和产业价值最大的"掠夺者"。苹果 2007 年推出的智能手机 iPhone 为互联网从 PC 端向移动端转移提供了无与伦比的强大平台，使互联网与人类的工作、生活、娱乐、出行等密不可分。在战略布局上，苹果掌控微笑曲线的两端——附加价值最高的部分，将重资产、低附加值的其他环节交给外部伙伴，催生了全新的供应链体系，创造了全新的商业模式，也改造了人类的生活方式和工作方式。

苹果商业模式的主要特点如下：

- 定位于主流的高中端客户，走精品爆款路线。苹果产品线非常简单，自 2007 年第一代 iPhone 到 2023 年的 iPhone 15 共发布 38 款机型，平均每年才发布 2 款机型。苹果抓住智能手机市场最有价值的用户，不仅使苹果通过手机销售获得极高的溢价，而且为其通过生态系统、服务获利提供了坚强的支撑。

- 依托核心能力，独立进行操作系统、芯片和其他关键硬件的研发和设计。操作系统平台不对其他手机厂商开放，完全自有。操作系统与关键硬件的升级换代能够保持完美协同，从而实现极致的用户体验。

- 准封闭的供应链体系。苹果为保证产品的独特性，极少使用标准的通用部件，开创并维护自己独特的供应链体系，对供应链进行严格的控制以保证质量和交付。零部件代工厂专用设备也由苹果提供并仅能用于苹果的订单。

- 轻资产运营。将附加价值不高、资产较重的制造环节外包给合作伙伴，如富士康等。

- 具有强大的品牌塑造和营销能力，创建并掌控线上线下设计感极强、具有独特体验的销售渠道。

- 以苹果操作系统和专有应用程序为平台，构建起一个具有跨平台网络效应的强大生态体系。包括以操作系统为平台的应用程序开发商和消费者之间互动的生态；以 Apple Pay 为平台的商家与消费者之间互动的生态；Apple TV+ 为平台的视频内容提供者和消费者之间互动的生态；以 iTunes Store 为平台的音乐内容提供商和音乐爱好者之间互动的生态；等等。不仅提高了客户黏性，更显著扩大了收入来源，丰富了现金流的结构。

谷歌安卓：以手机制造商为直接客户的操作系统及生态系统控制型

谷歌并不是智能手机终端提供商，却通过免费的安卓操作系统在智能手机产业生态中占据一个非常特殊的地位，可以说是苹果以外的智能手机产业生态系统的领导者。

安卓操作系统以手机制造商为直接客户，一开始就有开源的基因。谷歌在 2005 年收购安卓公司以后，因为面临苹果 iOS、微软 Windows Phone 的竞争，更重要的是基于战略方面的考虑，将安卓免费提供给世界各地的智能手机制造商，形成众多手机制造商与谷歌的战略联盟。对制造商而言，降低了研发、升级、维护操作系统，构建产业生态的成本，其可以快速进入手机制造市场；对谷歌而言，它可以成功地进入移动通信市场，其核心应用程序可以快速地、低成本地触达并锁定全球消费者。双方互利共赢，有效合作，使得智能手机在颠覆传统手机的战斗中快速取得完胜。安卓系统在智能手机市场的份额一度达到85%，最近这些年在70%左右，使用安卓手机的消费者超过 30 亿人。

安卓系统虽然对手机制造商免费，但在谷歌公司业务体系中处于举足轻重的地位。它是谷歌核心业务 YouTube、Gmail、Google Maps、Chrome 浏览器、应用商店 Google Play

等触达消费者的免费的最佳通道，安卓系统成为谷歌的重要平台、谷歌生态系统的重要支撑。

在中国以外的大多数市场，所有装安卓系统的手机都会自动安装谷歌的应用程序，包括以上所列的重要应用程序。这些应用程序给谷歌带来源源不断的收入，如 Chrome 浏览器的搜索及相应的广告、YouTube 的广告、Google Play 应用商店的平台收费，等等。

三星电子：全市场覆盖的核心硬件掌控型

三星电子是极少数成功地从传统手机制造商转型为智能手机制造商的全球领先企业。它在智能手机核心元器件的研发与创新、安卓生态系统的壮大、智能手机产业规模的扩大进而取代传统手机方面，发挥了不可替代的作用。三星电子商业模式的主要特点如下：

- 强大的核心硬件研发与制造能力。作为老牌手机制造商，三星在产业链上游的硬件领域始终保持强大的竞争优势。中央处理器、图形处理器以及其他各类芯片、显示屏、图像传感器（CMOS）、动态内存（DRAM）、ROM（NAND 闪存）、摄像头、电池、基带等，均具有强大的研发制造能力和重要的市场地位。作为苹果芯片的早期供应商，三星在与苹果的长期合作过程中极大地提高了自身的设计能力。

- 高度的垂直整合。在全球手机厂商中，三星是内部垂直整合程度最高的公司。核心元器件的研发、设计与制造、整机设计与制造、营销和销售、服务网络，实现了高度的垂直一体化。

- 使用免费的安卓操作系统。虽然自研了操作系统Tizen，但由于无法构建起强大的生态系统，只能作为备份。三星主要采用谷歌的安卓系统，是谷歌早期的深度伙伴。在安卓系统基础上开发了One UI，类似于小米的MIUI。

- 全市场覆盖。三星产品线最为丰富，新产品推出频率非常高，几乎覆盖了每一个细分市场。虽然没有苹果那么强的品牌影响力和产品设计能力，它依然成为全球手机市场上最高份额的企业之一。

小米：起步于中低端市场的供应链整合型

小米是在智能手机供应链体系基本成熟，市场已明确越过导入期，开始步入高速成长阶段，通过商业模式创新，整合供应链和制造资源，以高性价比手机赢得用户信任，通过追随取得成功的典范。虽然利润率不高，但仍可视为"风口上飞得最高、最帅的那头猪"。

- 极致性价比、中低端市场起步。2018 年 4 月，小米承诺，每年整体硬件业务（包括手机及 IoT 和生活消费产品）的综合税后净利率不超过 5%。到目前为止，实际客户主要来自中低端市场。

- 轻资产运营。小米自己负责手机研发、设计、售后服务、品牌运营等，手机及其他产品的制造、物流配送等环节外包给合作伙伴。

- 设计环节的高用户参与度。不同于传统的设计、向上游供应商下订单、制造、营销、分销、零售这样的线性流程，小米的设计与销售几乎同步进行。通过互联网吸引用户深度参与设计，再通过网络进行预订，根据预订量向外包合作伙伴下订单，极大地减少了配件／产成品库存和资金占用，依靠效率获得成本优势。

- 采用安卓操作系统，并在此基础上开发了 MIUI。核心硬件如芯片全部外购，或者由生态伙伴供货。

- 先线上再到线下的渠道建设。不同于其他企业从线下到线上的历程，小米走了一条完全相反的道路，即从起初完全在自己的网站上销售，拓展到在京东、天猫等平台开店，再到开设线下品牌店，构建起了全渠道、完整的数据链。

- 以手机为中心的万物互联生态系统。小米以手机为中心，以智能家居为入口，以投资为纽带，进行智能硬件生态布局，通过供应链规模和协同优势降低成本，通过高性价比路线孵化智能硬件爆款，同时在上游芯片、模组等领域同步布局，进一步产生协同效应。截至2021年第二季度，小米同时拥有5件以上AIoT（人工智能物联网）设备（除手机外）的用户已达740万，总AIoT连接数已达3.75亿。

- 因应市场变化，推动产品高端化。从2021年开始，因应手机更新频率降低，使用周期延长，需求向高端化转移的新形势，小米在坚持极致性价比理念的前提下，全面启动高端化战略，与供应商深度合作，推出高性能、高配置的手机，取得了初步成效。

另外两家在全球市场上拥有重要地位的企业 OPPO 和 vivo 的商业模式与小米类似，但拥有自己的手机制造能力。原来的华为手机与三星具有某种程度的相似性，但华为对上游供应链的掌控能力明显弱于三星。2020 年华为整体出售荣耀的全部业务资产。

小米商业模式可以概括为起步于大众市场的供应链资源整合型。换个角度看，小米作为整合供应链资源，利用产品设计、品牌及市场驾驭能力、优化用户体验获得成功的公司，依赖供应链资源，也可以称为供应链资源依赖型，这将在很大程度上影响其利润空间。

富士康：制造专注型

智能手机产业生态中的一个关键的角色是以富士康为代表的专业制造公司，也称为代工厂。富士康在全球电子制造业快速发展、专业化分工日益精细化的过程中快速崛起，将 OEM 和 ODM 两种模式不断打磨改进，创造了独具特色的 eCMMS（电子信息系统（electronic）、组件（component）、模块（module）、移动（move）、服务（service））产品战略和商业模式。[1]

---

[1] 吴清. "代工之王"富士康坎坷成长路. 中国经营报，2022-12-24. https://baijiahao.baidu.com/s?id=1753037481292277404&wfr=spider&for=pc.

　　富士康的产品结构不仅仅包括为客户制造终端产品，它的产品分布在产业链的各个环节。组件是电子产品中的基本元器件，是产品的基本元素。模块是能够实现特定功能的元器件的组合，其背后包含着特定的技术原理，是产品的子系统。移动是指从组件到模块再到产品，富士康都能保证快速整合，提供高效率和低成本的服务。服务，不仅提供设计服务，而且为客户提供物流和售后等全方位的服务。第一个字母"e"代表的是电子信息系统，主要指用 ERP 系统完成物流和信息流的整合，打通全产业链。

　　电子产品的生命周期短，迭代更新很快，因此对效率的要求极高。在 eCMMS 模式下，富士康能快速整合上中下游产业链，从前端的设计到组件、模块制造，再到产品组装、交付，在质量、成本、交付周期几个关键要素之间实现了最优平衡。其客户不仅包括众所周知的苹果，还有索尼、任天堂、亚马逊、华为、IBM、戴尔等世界一流企业。

　　比如，苹果新品多在每年秋季 9 月份发布，苹果产品在每年的 9、10 月份的需求量是最大的，每代 iPhone 新品发布时，可能一周内新品的需求量就达到 1 000 万部。这对富士康的挑战无疑是巨大的，不仅要保持生产的节奏和稳定性，而且要保持产能对需求变化的灵活性；不仅要在短时间内迅速提升产能，而且要尽可能控制成本和保证良品率。

产业特征指标：产业集中度、利润空间、产业规模

智能手机产业的上述经济特征，决定了智能手机产业高度集中的产业格局。从全球范围看，智能手机厂商数量比传统汽车制造业的厂商更少，集中度更高。2021 年全球最大的 5 家智能手机企业占全球手机市场份额的 74%，最大的 7 家企业占 82%。

2021 年全球智能手机总销量为 13.5 亿部，三星以 2.75 亿部销量稳居第一，苹果以 2.39 亿部位居第二，小米、OPPO、vivo 位居第三至五位。[①]Counterpoint 发布的报告显示，2021 年全球智能手机整体收入为 4 480 亿美元。其中，全球排名第一的是苹果，其全年手机的收入达到了 1 960 亿美元，三星以 720 亿美元的手机收入排在第二位，随后依次是 OPPO 370 亿美元、小米 360 亿美元、vivo 340 亿美元。[②]

---

① 2021 年全球智能手机总销量为 13.5 亿部，三星以 2.75 亿台销量稳居第一.（2022-02-21）. https://baijiahao.baidu.com/s?id=1725101873449704443&wfr=spider&for=pc.

② 2021 年 iPhone 收入 1960 亿美元，对比苹果，国产品牌输得太惨！腾讯网.（2022-02-28）. https://new.qq.com/rain/a/20220228A07MS400.

利润的分布更为集中。根据市场调研机构 Counterpoint 监测的数据，2022 年第二季度，苹果手机的利润占前 5 家企业利润的 80%，三星占 14%，剩下的 6% 为三家中国企业所获得。[①] 苹果以占 Top5 企业 24% 的出货量，捕获了 80% 的利润。这足以证明苹果在高端市场无可争议的成功，同时也说明智能手机产业盈利分布严重不平衡。

智能手机作为一个平台型产品，其直接触达的用户数量在 2021 年为 40 亿左右，达到了全球人口数的一半。[②]

◈ 从传统汽车到智能汽车：技术结构与产业经济特征的变化

汽车智能化是一个渐进的过程。2022 年 3 月 1 日实施的《汽车驾驶自动化分级》国家标准将汽车驾驶自动化分为六个等级。本书对智能汽车的技术结构、功能结构的讨论，均

---

① 全球手机市场利润榜出炉：三星排名第二，第一名利润高达 80%.（2022-10-01）. https://business.sohu.com/a/589526812_99943945.

② 历时 27 年，全球智能手机用户达 40 亿，占总人口的 50%.（2021-06-28）. https://baijiahao.baidu.com/s?id=1703794472463576439&wfr=spider&for=pc.

是在汽车驾驶自动化达到 4 级或 5 级 [①] 水平的基础上展开的。下面内容既有基于目前智能汽车现状的描述，又有在现状基础上的推断。

站在传统车企的视角，当汽车制造业从传统汽车向智能汽车演进，汽车的技术结构发生了重大变化：

- 核心部件被替代或遭淘汰。传统汽车的"心脏"——发动机被电池组（包括氢燃料电池）替代；第二个关键部件——变速器被电机替代。发动机、变速器作为机械制造技术的精华被替代后，机械加工与制造技术的相对重要性显著降低了。

- 增加了与传统车企基因差别巨大的智能软件和硬件，并要求软件和硬件之间、智能软硬件与传统机械硬件之间实现完美整合。智能汽车增加了传统车企不具备

① 2022 年 3 月 1 日实施的《汽车驾驶自动化分级》国家标准将汽车驾驶自动化分为六个等级。其中，4 级：高度自动驾驶。汽车驾驶自动化系统能在设计运行条件内持续地执行全部动态驾驶任务和执行动态驾驶任务接管，驾驶员角色接近乘客。对于 4 级驾驶自动化，系统发出接管请求时，若乘客无响应，系统具备自动达到最小风险状态的能力。5 级：完全自动驾驶。汽车驾驶自动化系统在任何可行驶条件下持续地执行全部动态驾驶任务和执行动态驾驶任务接管，驾驶员完全转变为乘客角色。对于 5 级驾驶自动化，系统发出接管请求时，乘客无须进行响应，系统具备自动达到最小风险状态的能力。此外，5 级驾驶自动化在车辆可行驶环境下没有设计运行条件的限制（商业和法规因素等限制除外）。

的智能硬件（芯片＋传感设备＋控制器等）＋智能软件（操作系统、驾驶系统、座舱系统、操控系统以及其他应用程序）＋高清地图及定位＋通信技术与设备等。这些智能软硬件与传统机械硬件的完美结合，将实现智能驾驶对人的替代。

- 原有技术体系和生产体系日趋简单化。由于汽车的内部结构和制造过程存在密切的交互依赖关系，当发动机、变速器等核心部件被替代，同时又增加了许多与智能、互联相关的软硬件，要求传统车企的设计理念、底盘技术、架构技术、安全技术、制造平台、供应链体系、销售渠道等，均需做出不同程度的调整，以适应新的技术结构和市场格局。总体趋势是逐渐简化。过去一辆汽车有几万个零部件，现在只有 8 000 个左右，架构技术也变得相对简单。未来这一趋势仍将持续。

智能汽车软硬件技术与传统的汽车机械部件技术关键的不同包括以下几个方面：

第一，速度与节奏差别巨大。不同于传统机械硬件，智能硬件技术进步速度极快，比如，处理器芯片的技术进步速度遵循摩尔定律。传统车企的辅助驾驶软件一般由供应商提供，一旦开发出来便不再变化。智能软件为保证用户最佳的体验，特别是安全性的提高，需要根据增加的有效数据，随时对模型进行动态迭代升级。如果企业跟不上产业技术进步的速度，注定会被淘汰出局。

第二，智能硬件与软件的发展需要密切协同。智能硬件与软件之间的关系遵循安迪 - 比尔定律[①]：硬件提高的性能，很快就会被软件消耗掉。硬件性能与软件能力提升常常彼此依赖。硬件性能提升，就会有相应的软件吃掉硬件的内存与速度，软件的发展又会刺激硬件的发展。两者互为前提，协同发展，使 IT 行业保持着持续动态进步的态势，并且使 IT 设备成为一个消耗品。[②]

在智能汽车领域，智能驾驶软件系统与处理器芯片，采集数据的硬件或硬件组合（不同类型的传感器，如摄像头、激光雷达、毫米波雷达等）与分析处理数据的软件之间都存在较为密切的依赖关系，要求软件、硬件之间做到较高程度的匹配与协同。要做到协同，需要软硬件提供商之间能够充分交流与合作，进而在通用性和专用性之间找到平衡点。

[①] 原文是 "Andy gives，Bill takes away"（安迪提供什么，比尔拿走什么）。安迪指英特尔前 CEO 安迪·格鲁夫，比尔指微软前任 CEO 比尔·盖茨。

[②] https://blog.csdn.net/big_teacher/article/details/78556811.

第三，汽车软件架构从传统的分布式转向更集中的分层化与模块化架构。传统汽车软件采用软硬件高度耦合的分布式架构。一辆高档汽车大概有上百个芯片和软件，分别被封闭在一个个不同的小盒子里，独立地承担某一控制职能。这些小盒子分别由数量众多的供应商提供。如发动机、变速器、空调、座椅、仪表盘或信息娱乐系统等都有各自专用的小盒子，彼此之间基本没有通信。软硬件高度嵌套，彼此之间难以形成较强的协同性，软件的可复用性很弱，OTA升级能力几乎不具备。

在汽车制造业以外，分层架构是广为采用的架构模式。稍微复杂的系统都通过分层（layer）来隔离不同的关注点（concern point），比如软件系统通常可以分为基础层、平台层和应用层。分层使得应对需求变化的行动可以独立进行，避免影响整个系统。分层推动了技术的模块化。布莱恩·阿瑟（2018）指出，技术的模块化具有三个优点：一是可提高效率。当模块被反复使用且次数够多时，可以摊薄模块的开发成本。二是可以更好地预防不可预知的变动。当技术变化时，不需要改变整个技术架构，只需对模块进行升级，可以更好地平衡通用性和专用性的矛盾。三是可以简化设计过程。模块化架构可以在开发设计过程中，分别对模块进行独立开发和设计，有效地进行任务分割和协同。

在特斯拉的引领下，汽车的电子电气架构完成了从分散的分布式架构向更为集中的模块化架构转变。目前流行的有五域架构（动力域（power train）、底盘域（chassis）、车身域（body/comfort）、座舱域（cockpit/infotainment）、自动驾驶域（ADAS）），或三域架构（车控域控制器（vehicle domain controller，VDC）、自动驾驶域控制器（ADAS domain controller，ADC）、座舱域控制器（cockpit domain controller，CDC））。未来很可能进一步集中到一个中央控制器上。在分层趋势下，智能汽车的操作系统也有可能成为相对独立的基础模块，保持持续、动态的升级，成为支撑其他应用程序开发和运行的平台。

第四，智能软件具有网络效应和黑洞效应。智能汽车的操作系统作为一个平台，遵从梅特卡夫定律：一个网络的价值等于该网络内的节点数的平方，而且该网络的价值与联网的用户数的平方成正比。一个网络的用户数越多，那么整个网络和该网络内的每台计算机的价值也就越大。在智能汽车领域，智能汽车的操作系统、智能座舱系统，未来都可能成为各种应用程序交互的平台，具有较强的网络效应，最后形成强者恒强的格局。当然，智能汽车本身也可以视为一个平台。

智能驾驶系统的黑洞效应是指当装载某个智能驾驶系统的车辆越多，经历的场景、获得的有效数据越多，技术人员在模型设计、训练数据集选择等方面积累的经验越多，就越可能利用数据对智能驾驶模型进行修正、改善。[1] 智能驾驶的功能越强大，用户体验越好，购买装载该智能驾驶系统的车辆的用户就越多。随着用户在平台上交互行为的增加，进一步丰富了企业的数据，从而将用户牢牢绑定在自己的平台上。这就像宇宙中的黑洞一样，有强大的引力，将周围的一切都吸引过来。

智能汽车采用更为集中的模块化的域控制器，以及将操作系统和应用程序分层化的架构，使得操作系统产生网络效应，而智能驾驶系统将会产生数据的黑洞效应，形成强者恒强，这使得智能软件成为智能汽车的核心或灵魂。智能硬件极快的技术进步速度、智能软件完全不同的思维逻辑，对传统车企内部掌控智能软硬件带来了巨大的挑战。智能汽车与传

---

[1] 数据的所有权一般归属于主机厂，但主机厂缺乏对数据进行处理的能力。因此，普遍的操作是，主机厂将数据传递给自动驾驶软件提供商，软件提供商对数据进行标注、处理，用于模型的训练，进而通过 OTA 将升级后的系统提供给用户。

统汽车在技术结构方面的差异，是在位者与挑战者博弈的起点。

智能汽车对传统汽车的颠覆，使传统零部件体系的 50% 以上面临重构。智能汽车这个新物种使汽车零部件的概念和范畴发生了很大变化，从新能源汽车的电池、电机、电控、功率半导体，到网联化、智能化涉及的芯片、系统软件、计算平台、视频传感器、激光雷达、控制器、执行元件，到车载控制系统、高清地图、互联网通信、云控平台、AI 算法等软硬件都成了产业链的重要组成部分。

第五，智能汽车驾驶的安全性与应用场景的复杂多变性。在传统汽车时代，驾驶安全责任、产品设计与制造方面的责任，均有了行之有效的规则和长期的实施经验。智能汽车的安全既涉及智能软件、硬件的性能和维护，又涉及整车的制造，还涉及行驶场景中的相关行为主体，责任承担的相关法规尚需建立。其中的伦理问题，将始终是一个争议极大的问题。一旦出现安全事故，会引起社会舆论的广泛关注。责任的承担规则设计将会影响智能汽车企业的商业模式选择。社会舆论压力则会影响智能汽车潜在市场转化为现实市场的周期。

综合来看，智能汽车的技术结构与智能手机的技术结构相似度更高，智能汽车产业的经济特征与智能手机产业的经济特征的一致性更高。传统汽车机械制造技术的精华部分——发动机和变速器被替代后，机械制造技术相关联的特征对智能汽车产业格局，包括产业集中度、商业模式、产业规模、利润空间等方面的影响明显下降。

⊕ 智能汽车的功能结构与车企收入来源的结构

首先，智能汽车除了作为交通运输工具的基本功能外，最重要的就是实现了对人的解放，做到无人驾驶。这样车辆不仅可以服务于拥有者，而且可借助某些服务平台（如滴滴）自动为其他用户提供运营服务。其次，智能手机拥有的许多功能，包括娱乐、消费、社交、工作等，都可以在汽车这样一个更大的空间中实现，给用户带来更完美、更极致的体验。人被解放出来以后，就可以更充分、更专注地享受智能娱乐、工作、休闲等方面的功能。因此，在智能驾驶的安全性和体验有保证的情况下，用户对娱乐、工作、休闲等方面的功能、性能的敏感性、关注度将明显提高。最后，智能汽车自动采集运行场景和运行过程中的数据。这些数据经过开发，可以在保险、运营管理以及其他领域创造更多的价值。

智能汽车与智能手机在功能结构上具有以下三个特点：首先是功能的重复，如上网、支付等。其次是功能的升级，如影视、音乐、会议等功能在更大的屏幕、空间或借助更好的设备来实现。最后是功能的涌现（emerging）：汽车功能与智能手机功能的融合，将会涌现出许多现在难以预知的新功能。但智能汽车作为数字化平台、数字化工具的价值将会明显低于智能手机，因为其可以触达的用户数量、与用户伴随的时间等远少于手机。

智能化改变了汽车的技术结构、功能结构，进而影响产业的内涵和边界，重构了车企的收入来源与现金流结构，再进一步影响产业的规模。除了硬件销售＋软件服务收入之外，运营服务可能构成部分智能车企的重要收入来源。虽然相关法规尚未明确，但部分智能车企基于安全责任的考虑，可能会直接运营部分智能汽车，获得服务收入。制造与运营的一体化程度将会明显提高。这些参与运营的制造企业可能来自制造企业的前向一体化，也可能是现有的运营商如优步、滴滴等的后向一体化。未来部分智能车企的收入来源与现金流结构将会变为：

1. 硬件销售收入，包括汽车及关联产品的销售。

2. 软件服务收入。因为智能化服务的部分功能与智能手机重叠，所以如果不考虑未来涌现的新功能，加之汽车硬件价格远高于手机，这部分收入在车企收入中的占比会明显低于智能手机厂商软件服务收入在总收入中的占比，数额上也不会高于智能手机软件服务带来的收入。

3. 运营收入。运营收入的水平取决于未来车企的商业模式选择，预计将在车企收入中占很重要的比例。

这三项收入加上未来可能涌现的新功能，使得智能汽车产业营收的总规模将会倍增。

✛ 最佳替代 / 最佳参照产业格局总结与智能汽车产业终局推断

下面通过表 4-1 至表 4-3，将传统汽车制造业、智能手机制造业的技术结构、功能结构、产业特征指标——产业集中度、利润空间、产业规模、主流的商业模式等进行概括和总结，并在此基础上对研究对象——智能汽车产业未来格局进行推断，然后对推断的结论进行解释。

表 4-1　传统汽车制造业、智能手机制造业、智能汽车产业的技术结构、功能结构，供应链生态及下游生态链的基本特征

	最佳替代产业：传统汽车制造业	最佳参照产业：智能手机制造业	智能汽车产业
技术结构	**机械制造** 核心部件（发动机、变速器、底盘等）及其他数以万计的特性部件，标准装配件通过架构技术和制造技术装配起来 少量分布式软硬件高度耦合的电子电气架构，支撑初级的辅助驾驶功能	**软件驱动的电子制造** 核心硬件包括处理器和其他芯片，存储器，输入输出设备；电路板及相关架构技术；电子电路，照相机系统等。这些硬件通过架构技术组合起来 分层的核心软件架构：操作系统平台和基于平台的各类应用程序。软件对产品功能，性能有关键性的影响	**机械制造＋电子制造＋AI 的融合** 电池＋电机动力驱动系统；滑板底盘系统；汽车安全系统；照明系统；热管理系统等 智能部分采用包括动力域等模块化的控制架构。每个域控制器由智能驾驶硬件和软件构成解决方案，如智能驾驶域包括智能感知、决策、执行三个层面的软件（操作系统和应用程序）和硬件，包括各类芯片，摄像头，激光雷达等传感器，控制器等

续表

	最佳替代产业：传统汽车制造业	最佳参照产业：智能手机制造业	智能汽车产业
供应链	数十万家供应商构成三级架构。部分掌握关键技术的一级供应商拥有与主机厂近乎对等的议价能力；二、三级供应商高度分散，为价格接受者	处理器极为集中；其他芯片、屏幕、传感器、存储器、摄像头、电池等也比较集中	传统机械供应链正经历适应性调整，总体依然分散；新能源动力系统如电池、电机发展快速；氢能源动力也已起步
生态	软硬件高度耦合的辅助驾驶电子电气模块由一级供应商提供，产业主导权控制在主机厂和极少数一级供应商手中	操作系统被两巨头垄断。应用程序种类众多，社交、支付、购物、娱乐、媒体等平台极为集中，核心产品处理器、操作系统提供商在产业发展中居于极为主导地位	智能供应链体系，包括智能感知、执行的供应链体系正在完全形成，技术过程中、主导权尚未设计；智能座舱系统和应用生态发展速度相对快些 智能驾驶系统（含芯片）、操作系统、动力电池系统提供商拥有产业发展主导权
功能结构	经济发展中起着不可替代作用的交通、运输工具，轻娱乐、初级辅助驾驶功能	通信、照相、上网、娱乐、社交、工作、购物、支付等多方面的功能	智能驾驶实现对人的解放 融合了汽车与手机的功能：部分功能重叠；部分功能升级；还将涌现新的功能
下游生态链	4S店销售服务体系，盈利趋于下降 高度分散的个人用户及相对集中的机构用户，议价能力弱	多维渠道体系，线上互动、线下体验相互促进 高度分散的个人用户，产品更新频率较高	线上互动与销售；线下机场、商超、4S店、体验店等销售 高度分散的个人用户及部分相对集中的个人用户；出租车平台型公司将拥有极大话语权

表 4 - 2 传统汽车、智能手机、智能汽车的产业经济特征

	传统汽车	智能手机	智能汽车
产业经济特征	生产端的规模经济性；资本密集、技术复杂、专有渠道、政府准入等方面形成的高进入壁垒；高价格、长生命周期的转换成本；客户需求存在一定差异；收入来源为汽车销售	智能硬件极快的技术进步速度、高资本及技术壁垒；生产端的规模经济性；软件用户端的规模经济性；用户转换成本较高；操作系统持续动态升级并为应用程序提供商与用户互动提供平台，存在显著跨边效应；产业进入容易但生存极难；收入来源多元，除产品销售外，还有平台及自有应用带来的服务收入；可基于手机平台构建更广阔的生态	兼具传统汽车与手机产业的特征。硬件技术进步速度快；生产端的规模经济性；高进入资本、技术、准入、品牌等壁垒；操作系统、智能驾驶系统软件用户端的规模经济性；存在网络效应但相对弱于手机；除产品销售外有运营、互联网服务等多元收入来源

表 4 - 3 传统汽车、智能手机、智能汽车的产业特征指标

	传统汽车	智能手机	智能汽车
营收总额	≥2 万亿美元*	4 480 亿美元*	增加了软件和运营服务输入，将是传统汽车企业营收的 2 倍以上
销售量	8 015 万辆*	13.5 亿部*	当其他条件不变，未来智能汽车销量增速将相对低于传统汽车销量增速
产业集中度	Top10 占 65%，Top5 占 44%*	Top5 占 74%，Top7 占 82%*	智能汽车制造商总量将多于传统汽车制造商，但 Top2 将占近 50% 份额；Top2 智能驾驶系统提供商将占 80% 以上份额

续表

	传统汽车	智能手机	智能汽车
利润空间	Top10 利润率分布在 3%~13% 之间；Top10 利润率为 10.16%*	苹果手机利润占手机市场 Top5 企业利润的 80%**	盈利能力显著不均衡；Top2 将攫取产品制造利润的 50% 以上；第二梯队将获取产业利润的 30%~40%
保有量 / 触达用户	2022 年全球保有量 14.46 亿辆	40 亿用户拥有手机*	智能驾驶助力机构用户规模扩大；个人购买者减少；触达直接用户数量将减少
主流的商业模式	主要汽车集团基本一致：全市场覆盖的供应链、品牌、渠道资源整合模式	多种模式共存：定位于中高端市场的核心软硬件控制型；全市场覆盖的核心硬件掌控型；定位于中低端市场的供应链整合型；以制造为核心的专业代工型等	掌控核心软件 / 关键硬件的整车制造与运营型；独立的核心软件提供型；掌控上游关键部件或模块的整机制造及运营服务提供型；掌控流量的后向垂直整合型；专注于设计与制造的专业制造型；专业化的全产业链资源整合型；等等

* 均为 2021 年数据。
**2022 年第二季度数据。

下面对智能汽车产业格局的关键特征推断结论做进一步解释。

智能汽车产业终局：主流的商业模式

智能汽车的智能化部分与智能手机更为一致，智能软硬件系统对商业模式有效性的影响和决定性作用更大。另外，智能汽车的安全责任将由智能驾驶系统提供商、主机制造商、汽车运营商（者）及其他交通参与人承担。基于责任承担的考虑，制造商前向一体化，直接运营汽车，或者运营商后向垂直一体化，参与制造汽车，将成为重要趋势。参照智能手机产业主流的商业模式，结合汽车制造业的特点，可以推断智能汽车产业未来主流的商业模式如下：

- 掌控核心软件（智能驾驶系统）和关键硬件（重要芯片、关键传感器等）的整车制造与运营型。这类企业同时具备强的技术控制力和用户控制力，其目标是创造一个价值网络，实现软硬件、各个模块，乃至各业务单元的协同，互相促进。它们是产业生态价值的掠夺者，将在价值分配中居于最为有利的地位，但数量极少，极可能只有 1～2 家。这类企业很可能将价值链向前延伸，进入汽车运营领域。

- 独立的核心软件（操作系统＋智能驾驶系统）提供型。有点类似于谷歌（安卓）。不同于智能手机产业的是，由于智能驾驶系统提供商是安全责任的重要承担方之一，所以不大可能出现一个免费的智能驾驶系统（即便智能驾驶系统提供商能够通过其他途径获得收入）。免费和担责在商业世界里是很难长期兼容的。产业达到成熟阶段，独立的操作系统＋智能驾驶系统提供商不会超过 2 家。

- 掌控上游关键部件或模块的整机制造及运营服务提供型。这类企业掌控关键部件或模块，如电池（包括氢能源电池）动力系统、部分芯片或者感知设备等，将产业链向前延伸至整机制造及运营服务。有些类似于三星在智能手机产业中的模式。

- 掌控流量（车辆运营和用户需求）的后向垂直整合型。智能化以后，汽车运营方（如优步、滴滴、大型物流公司等）的规模经济性显著提升，规模将会显著扩大，加之掌握规模化的流量，对用户需求、用户使用场景的高度熟悉，其在产业中的话语权显著提高。这类公司将提升自身的产品设计能力，整合供应链资源，委托代工厂完成制造，成为产业中的一类重要玩家。

- 专注于设计（ODM）与制造（OEM）的专业制造型。类似于富士康。这类企业不仅进行整车制造，而且进行汽车部件及模块的制造，但不谋求建立自己的品牌。这类企业可能是传统车企转型而来，也可能是目前代工厂业务范围延展而来。

- 专业化的全产业链资源整合型。有些类似于小米、vivo 的智能手机模式。这类企业的技术控制能力和用户控制能力都相对薄弱，因此很难建立产业壁垒。不同于小米智能手机模式的是，这类企业除了制造独立品牌的智能汽车以外，还可能进入汽车运营市场。这类模式成功的关键在于找准恰当的细分市场，并在产品设计和运营效率方面建立起显著优势，通过规模经济和范围经济在产业中立足，通过车辆运营扩大收入来源。

智能汽车产业终局：产业集中度、利润空间与产业规模

如果智能驾驶系统可以通过外部合作获得，智能汽车整车制造业进入的技术壁垒、资本门槛明显降低，加上智能汽车制造业市场规模巨大，智能汽车制造业容纳的企业数量将会更多一些，产业集中度将会比传统汽车产业低一些，比智能手机产业更低。但是，智能汽车供应链技术进步速度快；

汽车制造既有产品生产端的规模经济性，又有软件用户端的规模经济性；数据的黑洞效应非常显著；汽车和操作系统平台具有一定的网络效应，因此，智能驾驶系统的产业集中度可能会与智能手机产业类似，主要的两家企业（Top2）将占80%以上甚至更高的份额。当然，在智能汽车导入期和高速发展阶段，产业将处于相对分散的状态；随着激烈竞争，优胜劣汰，产业将趋于集中，最后达到相对稳定的格局。产业利润在制造商之间的分布将更不均衡，前两位的企业将攫取50%以上的产业利润。

毫无疑问，随着经济发展和社会进步，全球对汽车的需求一定会增长。随着技术的进步、供应链体系的完善、学习曲线效应的凸显，智能汽车的成本也将会下降。智能硬件快速的技术进步，以及汽车利用率的提高，会使汽车更新频率提高。这些因素结合起来，从长期看，智能汽车的产量一定会显著高于现在的传统汽车产量。

智能汽车的功能结构将影响智能汽车的需求量。智能驾驶实现之后，使用出租车更为便捷；没有司机，隐私会得到更好的保护（当然需要相关的法律法规来保证）；共享产权意识将进一步增强，这些因素将可能使中低收入者拥有汽车的欲望降低。同时，个人拥有的汽车在自己不使用时可能交给类似于滴滴这样的出租车平台用于运营服务，汽车的使用率将会大大提升。目前传统汽车 24 小时的有效使用时间不足 95%。智能化后将会显著提高使用率，智能出租车供给增加，加上不需要司机，使用出租车的成本将相对下降。

综合起来可得出结论，假设其他条件不变，相对于传统汽车需求量的自然增长速度，智能汽车需求量的相对增长速度将会略低于传统汽车，但产业达到成熟阶段时智能汽车的总需求量比现在传统汽车的需求量会显著增加。由于部分制造企业会直接运营汽车，智能汽车直接触达的所有者的数量将明显减少。

智能汽车产业的营收规模毫无疑问将会显著提高，很可能实现倍增。由于智能化改变了智能汽车产业的产业链组合关系，重构了车企的收入来源，除了智能汽车等硬件的销售收入之外，软件服务收入，特别是运营服务收入，将成为车企收入来源中非常重要的一个部分。

05

第 5 章

智能汽车产业终局：谁能主宰未来

面对颠覆性创新技术的冲击，在位者、挑战者哪一方会胜出，取决于双方在政府政策和资本力量加持下的动态博弈。创新产品的技术与功能结构、产业结构是各方博弈的基础架构。各方的商业模式、技术路线是否符合产业内在的发展规律，谁更能得到资本、政府的大力支持，也对产业终局的形成有重要影响。

　　创新产品的技术结构、功能结构，是通过"差异"来影响在位者、挑战者的竞争地位，进而影响哪一方更可能胜出。

　　智能汽车因其技术结构、功能结构与传统汽车存在重大差异而对传统车企的核心资产、核心经营活动产生威胁，迫使其进行战略转型。新老业务技术结构、功能结构差异越大，管理者间知识和信息的非对称性越大，支撑新老业务的组织基因和管理逻辑的差异越大，转型过程中需要付出的管理和协调成本越高。

　　大多数在位者都严重低估了转型过程中的管理和协调成本，特别是传统业务收缩、资源又需要投放到高度不确定且短期无法产生现金流的新业务上导致的资源竞争和权力冲突：转型初始阶段，钱主要是老业务部门赚的，却是新业务部门花的，而新业务部门人员的薪酬又高出许多。这种情况下，激烈的政治斗争在所难免。

创新性业务潜在市场转化为现实市场的周期，对在位者和挑战者都具有重大的影响。转化周期越长，在位者转型过程中的资源竞争与权力冲突越激烈，资本市场越缺乏对挑战者的耐心和信心。但总体看，对在位者更有利，毕竟传统业务依然能够为其带来相对稳定的现金流，而挑战者获得资本市场的支持更为困难。

谋求在智能驾驶系统领域占据主导地位，强大的 AI 技术底蕴、硬件制造能力、既有的业务能够为发展智能驾驶业务提供可靠、持续的资金支撑，三者缺一不可。

面对颠覆性创新的冲击，在位者和挑战者关注的首要问题是：谁最可能是博弈最后的赢家，谁最可能在未来的竞争格局中占据主导地位。

挑战者的雄心不言而喻。上汽集团董事长陈虹的"灵魂论"，基本反映了传统车企面对汽车智能化挑战的博弈策略：既要保持强大的整车制造能力，又要拥有自己独立的智能驾驶系统，才能维持在未来产业格局中的主导地位。在资源投放方面，在提升自身整车制造能力并向电动化转型的同时，建立自己的 AI 研究院，开发自己的智能驾驶系统。在自研系统尚不能有效参与市场竞争时，选择与合适的科技公司合作以满足客户需求。

这种"既要……又要……"的两条腿走路的博弈策略，是一种既能抓住眼前，又不会失去长远，鱼与熊掌兼得的双赢战略，还是可能"既得不到……又得不到……"，最终竹篮打水一场空？

在位者、挑战者哪一方会胜出，是无法通过产业参照的方法加以推断的，因为答案取决于双方在政府准入政策、产业政策以及资本力量加持下的动态博弈。本章将以生产制造汽油车、柴油车为主营业务的传统车企视为在位者，将研究与开发智能操作系统、智能驾驶系统软件，并对智能硬件进行整合集成的科技公司视为挑战者。智能汽车因其技术结构、功能结构与传统汽车存在重大差异而对传统车企的核心资产、核心经营活动产生冲击或威胁，迫使传统车企进行战略转型。但智能驾驶系统本身的研发因其应用环境的高度复杂和不确定性而面临诸多挑战。本章首先构建一个在位者与挑战者在政府政策、资本力量加持下博弈的概念模型；然后分析相对于传统汽车，智能汽车的技术结构与功能结构存在哪些不同，特别是智能软硬件技术与传统汽车机械部件技术的关键不同；接着分析在位者的战略选择空间，尤其关注当在位者选择垂直整合战略，研发智能驾驶技术时遇到的管理协调成本、组织基因差异等方面的挑战；分析挑战者战略选择的空间和可能采取的行动。

✛ 影响在位者与挑战者博弈的关键要素

在位者与挑战者博弈，除了受到双方拥有的资源能力、战略选择的空间、在产业结构中所处的地位的影响之外，在位者与挑战者选择的商业模式、技术路线是否符合产业内在的发展规律，是否得到资本与政府的支持，也对产业终局的形成产生重大的影响。这几个要素之间的关系概括在图 5 - 1 中。其中，政府政策的力度、资本投入的强度，影响智能汽车潜在市场转化为现实市场的进程；政府政策支持对象的倾向、资本投向的倾向，影响在位者与挑战者抗衡时的资源优势，进而影响双方在未来产业格局中的地位。但是，外部的因素仅起次要的作用，在位者、挑战者自身的因素是决定性的。产品的技术与功能结构、产业结构，是各方博弈的平台或基础架构。颠覆性创新产品的技术结构、功能结构，是

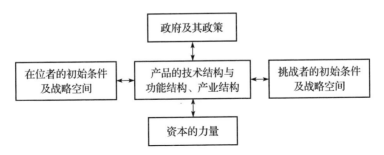

图 5 - 1　影响哪一方面在博弈中胜出的关键要素及其关系

通过"差异"来影响在位者、挑战者的竞争地位，进而影响哪一方更可能胜出。

产品技术结构的差异，会威胁到在位者的核心资产或核心经营活动，从而导致在位者不得不进行战略转型。转型的周期和成本、转型成功的概率，则取决于产品技术结构不同所带来的管理逻辑和组织基因的差异。传统汽车与智能汽车在技术结构与功能结构方面的异同，前一章已经有系统分析，这里不再赘述。

在位者的初始条件、战略空间与面临的挑战

在位者与挑战者博弈的初始阶段，从总体上看，在位者处在相对有利的地位。

首先，虽然客户在递减，但依然有许多客户认可传统汽

车，因而传统车企能够获得较为稳定的现金流。市场份额虽然被电动汽车分割了一部分，传统车企决策者的焦虑也在增加，但多数传统车企认为短期尚不足为患。其次，传统车企在悠久的历史中积淀了很多专有的知识资产、品牌资产以及强大的供应商网络、销售和服务网络。再次，传统车企数量较少，相对集中，在产业结构中处在有利的地位。这种结构优势，使其在与上游供应商、下游渠道和用户互动中，拥有较强的议价能力、较大的话语权。

面对颠覆性技术的冲击，在位者进攻性的选择包括：发展新型动力和传动系统（电池＋电机）；培育新增的智能软硬件业务；对原有的架构技术、销售渠道、制造平台等进行优化和调整，以适应新的技术和市场格局。

事实上，由于发展动力电池、智能感知、决策、控制等所需智能硬件与传统车企拥有的资源能力基础差别巨大，传统车企内部化这些业务的组织协调成本明显高于市场交易成本，所以多数车企对通过市场交易的方式获得这些零部件的供应既不排斥，也不犹豫。

在位者最为纠结的是，在所谓"软件定义汽车"时代，是否培育、掌控属于自己的大脑或"灵魂"——智能软件系统。或者说，传统车企在如下战略路径中当如何做出决策。

- 内部垂直一体化。内部建立和发展智能软件能力，或者并购拥有智能软件能力的科技公司，发展并掌控自己的智能软件能力和业务体系。
- 战略联盟。为实现稳定、可靠的智能软件供应，并在未来软件升级过程中进行深度合作，在保持自身独立性的同时，利用股权或非股权的方式，与科技公司通过资源互换来建立一种可创造协同价值的交易机制。股权形式包括建立合资企业、投资入股等。非股权形式包括长期合作协议、特许经营 / 专利授权等。
- 市场化采购。在外部市场上选择功能 / 性能、价格、服务、交付等适合自己的供应商，直接购买。

当然，在位者并非只能在上述三项选择中选择其一，完全可以对上述选择进行组合，或者对智能软件的不同部分做不同的选择。

上汽集团董事长陈虹曾表示："车企应用华为自动驾驶技术，为我们提供整体解决方案，如此一来，它成了灵魂，上汽成了躯体。对于这样的结果，上汽不能接受。"[1] 陈虹的"灵魂论"反映了大多数主机厂的战略动机：选择垂直整合

---

① 沈天香. 陈虹重构"新上汽". 帮宁工作室，https://baijiahao.baidu.com/s?id=1722530761347403442&wfr=spider&for=pc.

的一体化战略，通过内部培育或并购，掌控智能时代的核心资源与能力——智能软件能力，进而实现对产业生态的总体控制，继续保持在产业生态中的主导地位，同时实现在整个产业链上对资源的最优配置。

在产业向电动化、智能化转型的初始阶段，在位者较多地选择两条腿走路，采用组合战略：一方面建立自己的智能软件研究院，培育自身的软件能力；另一方面与科技公司合作，获得相应的智能软件，以便尽快把拥有一定智能功能的产品投放市场。

传统车企发展智能软件业务面临的挑战

首先，投资成本高昂。由于传统车企几乎不具备发展智能软件业务所需的关键资源能力，需要另起炉灶，所以即便对那些拥有百年历史的跨国公司来说，发展智能软件业务所需的巨额投入依然是巨大的负担。对中国多数传统车企来说，更是如此。

其次，智能软件业务与传统机械制造业务的组织基因差异极大，奉行完全不同的管理逻辑，因而需要付出极高的管理协调成本。

- 固定资本密集 vs. 人力资本密集。机械制造业务需要大规模的厂房，大量的冲压、锻造、切削等数控机械加工设备，复杂冗长的流水线和工业机器人等。智能软件业务属于高新技术领域中的"劳动密集型"业务。人才的素质、技术水平的高低直接决定软件企业的竞争力。留住并激发优秀人才的创造力是人力资源管理的重点和难点。

- 供应商关系、供应链管理 vs. 知识资产的快速形成、积累和迭代。整机制造的上游是零部件供应商。与关键一、二级供应商良好的合作关系，对产品的质量、成本及新产品开发周期等有重要影响。智能软件的上游不是外部供应商，而是公司在长期研发过程中积累的知识资产。如何将在完成任务过程中创造、积累并存于员工头脑中的无形知识，转化为企业可传承、可升级的知识资产，并使这些独到的知识资产的价值得到有效发挥，对企业的可持续发展极其重要。

- 过程可观察的流水线生产方式 vs. 过程不可观察的脑力创造过程。汽车制造多采用流水线的生产方式，员工行为过程可观察，结果可度量、可区分，因而行为控制是有效的（Ouchi, 1979）。但软件生产过程主要是在员工头脑中完成的创造性思维过程，管理者无法观察。结果虽然可以观察，但对结果的质量或价值的评级，依然是一个非常复杂的任务。因此，行为控制是无效的，以结果控制为基础，兼具有助于激发创造力、分享知识创意的文化控制是更重要的（Ouchi，1979）。

- 机械式组织 vs. 有机式组织。传统车企多采用机械式组织架构，采用集权的决策模式，上下级间有严格的层级关系；严格的制度、规则和流程；正式的沟通体系；正式的着装、称谓、组织纪律要求等。精益生产、看板管理、六西格玛质量控制体系，都是机械组织运行到极致的表现。这些百年车企都形成了强大的引以为豪的企业文化，"血管里流淌的都是汽油"。智能软件企业多是有机式组织，既没有严格的层级关系，又没有清晰明确的规则程序；组织结构调整就像更换衣服一样正常；穿着拖鞋、T恤的人10点以后陆陆续续地上班，见到老板时也不太爱打招呼，晚上主动加班到12点以后，非常普遍。管理者与下属共同确定任务目标、最后期限，具体行动安排主要由下属自己决定。

- 产品中心模式 vs. 服务中心模式。传统车企是以产品为中心的模式，重视的是通过研发、设计、供应链管理和制造过程管理，来改进提升产品的功能、质量与形象。产品交付后的服务只是对产品形象及功能的维护，产品价值随时间贬值是毋庸置疑的。以服务为中心的模式重视的是用户体验和用户价值的提升。智能软件需要随着有效数据的积累、智能硬件进步、应用场景和市场需求变化等，对算法、软件架构等持续不断地升级换代，以不断地改善客户体验，提高产品运行的可靠性、安全性和稳定性。软件的升级不仅可以维护产品的价值，而且能提升产品的价值。另外，智能汽车数字化以后，在数据驱动下，服务的内容和范围将可能扩大到诸如维修、租赁、保险等领域，多维度、多渠道为用户创造价值。

- 硬件生产的规模经济性 vs. 软件用户的规模经济性。机械制造存在较为显著的规模经济性，即产品单位成本随着生产规模扩大而下降。但是，生产规模的扩大导致单位成本下降的幅度是有限的，因为每生产一个新产品都需要付出原料成本、人工成本和设备折旧。智能软件生产需要投入的主要是人工成本。设计和生产一款强大的智能软件绝非易事，但所有这些成本都是前期沉没的。软件一旦生产出来，可以被不同用户同时拥有、同时使用，并不排他，因此，除了动态升级和维护需要增加一定成本之外，因增加用户使用软件而增加的成本基本为零。用户规模扩大导致的产品单位成本下降的现象可视为"用户端的规模经济性"。在软件业，用户规模或市场份额对竞争优势，特别是价格优势，起着决定性的作用。硬件生产端的规模经济性与软件用户端的规模经济性完全不在一个数量级上。

显然，传统车企发展智能软件能力除了面临极高的投资成本外，由于传统整车集成业务的组织基因、管理逻辑与智能软件业务差别巨大，两种业务管理决策所需的知识基础，人员管控模式和激励政策，组织架构与组织文化等，均存在重要的不同。将这两类业务整合在一起，历史悠久、地位崇高的传统业务部门依然是公司现金流的主要贡献者，但受到电动车的冲击，收入趋于下降；新建立的智能软件部门则是公司主要花钱却短期内无法产生明显回报的部门，而且新部门人员的薪酬待遇又明显高于传统部门。这种情况下，新老业务之间的冲突，包括资源竞争、权力冲突在所难免。平衡好新旧部门之间的关系，使其协同运作，需要付出极高的管理成本。

当然，管理逻辑、组织基因不同带来的挑战是双向的，并非仅仅是传统车企需要面对的。互联网科技公司如果发展整车制造能力，同样要付出巨大的投资成本、学习成本、管理协调成本。汽车制造是一个组织严密的复杂过程。整车制造企业积累百年的产品设计、精益制造经验，也不是多数没有硬件制造经验的互联网科技公司一朝一夕就可以获得的。互联网科技公司在传统车企面前常常有一种居高临下的优越感，似乎它们才代表着未来。忽略汽车制造的专业性、复杂性，一定会付出代价。

另外，从其他产业的发展经验看，传统主机厂内部发展智能软件能力，还会产生如下问题：

第一，智能软件业务内部化后，由于企业的保护以及与外部市场的隔绝，常常缺乏足够的市场竞争意识与市场竞争能力。

第二，智能软件业务只有进入更广阔的市场，获得更多的用户，其高昂的沉没成本才可能得到更有效的分摊。但是，主机厂的智能软件即便有一定的竞争优势，也常常为其他主机厂所排斥，因为购买对手的软件，在某种程度上就是为对手提供补贴。被其他主机厂排斥，会导致两个问题：一是难以从不同车企的客户处获得更为广泛的场景数据，不能快速通过数据训练模型，激发数据的黑洞效应相对困难。二是智能软件业务严重依赖企业自身的整车销售。如果整车销售不利，智能软件业务无法从足够的客户那里获得回报，企业背负过高的人力成本，将会雪上加霜。

第三，传统机械制造技术与智能技术面临的产业周期、技术进步速度各不相同。来自不同经营环境的复杂性和不确定性，可能导致企业纵向业务链条上业务之间的平衡与匹配面临困难。

第四，采用两条腿走路、双重资源布局的战略，既建立自己的研究院，招聘大量的 IT 专业人才，又与外部科技公司合作，以便快速将装载智能软件的产品投放市场，导致传统车企既需要承担智能软件业务的投资成本、管理协调成本，又需要为外购的智能软件付费。从短期看，不利于传统车企与新势力公司竞争。但选择这种战略使得传统车企获得这样一个机会：掌握核心能力，从而避免在未来被高度垄断的供应商控制。当然，达成这一目标，需要传统车企在科技公司或新势力公司没有触发网络效应、黑洞效应之前，能够建立起自己强大的软件能力，将装载自身软件的汽车成功投放市场并占有合适的份额，有大量的车在路上行驶，并获得相关数据来改进模型。

需要指出的是，软件平台的网络效应、数据的黑洞效应与用户的规模经济性、高转换成本等因素的结合，确实可能会使未来的智能软件业的集中度非常高，为极少数的寡头所控制。但是，这并不意味着主机厂购买智能软件许可权的价格会高于自研软件的成本，或者说并不意味着主机厂购买智能软件许可权在成本方面是不利的。只要智能软件企业的用户规模明显高于主机厂自研软件的用户规模，其在成本上将会有足够的优势，从而把价格降到合理的水平。这在苹果公司自研的麦金塔操作系统（Mac OS X）与微软的 Windows 操作系统进行竞争时已经得到明确证明。

挑战者的初始条件与战略空间

国际上最重要的挑战者，毫无疑问是特斯拉、谷歌、苹果等。国内挑战者大致可以分为三类：一是拥有电动车整车制造能力的新势力公司。二是拥有较强综合能力的多元化大型科技公司，这些公司的其他业务能够为智能汽车业务发展提供资金支持，因而有较强的持久竞争力，如华为、百度等。三是定位于智能供应链某一细分市场的创业型科技公

司,如小马智行、文远知行、地平线等。从总体看,对挑战者有利的因素如下:

- 特斯拉的引领,比亚迪、"蔚小理"等的助推,特别是政府政策的促进,加速了电动车从导入期向高速成长期转换的过程,电动化、智能化的理念为更多用户所接受。

- 华为、百度等实力强大的大型科技公司,在智能汽车核心软件系统,包括智能驾驶系统、座舱系统、操控系统的研发、落地等方面起到了带头和示范的作用。

- 科技型创业公司的发展,逐渐补齐了供应链体系,使得中国成为全球电动汽车、智能汽车产业生态体系最完备的国家之一。

- 基因纯正,轻装简行。挑战者具有智能化的基因,或者其组织架构和人员队伍均围绕发展智能化体系或其中的某个部分/环节而构建,目标明确,管理成本较低。

- 具有一定的先动者优势。在传统车企尚未对智能汽车做出反应前,已经在某一细分市场进行了资源能力布局,并取得了一定的优势。

- 顺应市场大势。在特斯拉的引领下,电动化、智能化的理念已经广为市场所接受。智能属性对产品销售能够起到很好的促进作用。多数传统车企自身还不具备独立开发智能软件、硬件的能力，这为科技公司通过与传统车企合作获得现金流提供了契机。

- 智能汽车产业潜在市场规模巨大，有助于科技公司获得资本市场的支持，融资相对容易。

但科技公司面临的挑战也是巨大的。

第一，在智能汽车产业发展的早期阶段，传统车企的结构优势使其控制了产业发展的主导权。整车厂投资规模巨大，大多数科技公司发展自己的整车制造能力是不现实的。对软件企业也是一样，软件业务与硬件业务的管理逻辑并不相同。谷歌拥有强大的手机操作系统，但做手机一直不成功。智能汽车的制造相对于手机而言，复杂程度、安全性要求等要高出好几个数量级，即便软件出身的公司可以跨越资本规模的限制，独立发展智能汽车制造业务依然极具挑战性。因此，大多数挑战者没有办法脱离在位者独立构建一个全新的生态系统，必须将自己具有智能属性的产品装载在传统车企的产品上，或找到传统车企为其代工，才能获得可靠的经营现金流。相对于在位者而言，科技公司数量众多，相对分散[①]，它们与在位者谈判过程中处于不利的地位。产业主导权依然控制在在位者手中。

第二，多数主机厂利用其在产业结构中的有利地位，迫使上游软件供应商将其智能驾驶系统模块化，不同的子模块从不同的供应商采购，以降低对某一特定科技公司的依赖。同时，尽力使上游智能软件供应商分散化，避免形成有潜力"通吃"市场的巨头，从而达成继续保持在产业结构中主导地位的目标。在诸多软件供应商中，主机厂特别防范像华为、百度这样技术实力和综合能力都比较强大，同时产品线丰富、齐全，具有巨大潜力的科技公司。

在2022年粤港澳大湾区车展上，传统车企的这种做法遭到了华为智能汽车解决方案BU的CEO余承东的炮轰："传统车厂让华为做解决方案，切开二十几个部件分别招标做设计，这样根本搞不过别人三个部件的集约化、低成本、高可靠性。这种模式非常坑爹。"[②] 传统车企的这种分散化策

① 第一电动网联合华西证券、奥纬咨询发布《2021中国智能汽车企业100强》榜单。上榜的100家企业涵盖了智能汽车、智能驾驶、智能座舱、芯片、动力电池、新能源动力系统材料和充换电系统七个品类。其中，新能源动力系统材料品类共有25家企业入围，芯片品类有23家企业入围，智能驾驶品类有18家企业入围。据不完全统计，智能汽车赛道上的公司数量已过千家。https://baijiahao.baidu.com/s?id=1725805397252661146&wfr=spider&for=pc。
② 余承东炮轰传统车企，华为合作还能走多久？. https://baijiahao.baidu.com/s?id=1734848120805975876&wfr=spider&for=pc。

略，使得那些拥有系统能力的大型供应商在商业竞争中并不占明显的优势。结果是，许多智能软件公司都可能获得一定的现金流，但多数公司都吃不饱。

第三，现在的智能驾驶软件采用的 AI 技术是不是主导设计①，尚未完全明确。所谓主导设计（dominant design）是产业内大多数企业和市场上大多数用户所接受的关键技术模式、产品设计或技术标准。主导设计解决了技术的不确定性，并从根本上改变了行业的竞争动态。早期选择了主导设计的企业的先动者优势一旦建立，产业竞争就开始转入规模、成本、质量等方面的抗衡。随着 AI 驾驶系统事故量的增加，业内一些专家质疑，目前基于弱人工智能的 AI 技术能否有效地保证 AI 自动驾驶技术的安全性。大数据模型发展起来以后，又在自动驾驶领域掀起一股乐观的浪潮。关于主导设计，在下一章分析潜在市场转化为现实市场的周期时再详细讨论。

第四，与传统车企面临较为严酷的速度竞争。由于自动驾驶模型的优化严重依赖于有效数据，而智能驾驶数据具有显著的规模效应和反馈价值，所以科技公司与传统车企，哪

———————

① 主导设计是詹姆斯·厄特巴克（James M. Utterback）和威廉·阿伯内西（William J. Abernathy）于 1978 年提出的一种技术管理概念。

一方能够在博弈的过程中率先建立起强大的智能系统研发能力，并通过这种能力触发网络效应、黑洞效应，谁就可能在未来的竞争中居于优势地位。

双方共同的挑战是能否在窗口期内开发出智能驾驶系统，并率先使得装载自己自动驾驶系统的汽车在各地不断行驶，持续采集有效数据。窗口期非常重要。

政府：通过规划、基金、政策、配套设施投资等影响产业发展

智能汽车产业不仅本身潜在规模巨大，而且具有非常强的引领性。中国电动汽车百人会理事长陈清泰指出："智能汽车是新一代移动通信技术、人工智能技术得以落地的重要场景，是吸收不稳定的绿色能源的重要载体，智能交通的重要依托，智慧城市的重要组成部分。智能汽车产业的发展还会带动先进材料、先进制造、云计算、芯片等产业的发展，在现代经济体系中居于举足轻重的地位。"[1] 中国政府深度介

---

[1] 陈清泰：智能汽车变革为我国由汽车大国转向强国提供机会，但窗口期不会太长. 蓝鲸财经. (2022-03-27). https://baijiahao.baidu.com/s?id=17284119709236316317&wfr=spider&for=pc.

入了新能源汽车、智能汽车产业的发展。主要的途径如下：

一是通过制定各类规划（包括国家科技计划、新能源汽车产业发展规划、智能汽车创新发展战略、智能网联汽车技术路线图等），对产业进行规划和引导，确定产业发展的关键任务和重点工程以及相应的任务目标。

二是通过各类科技专项、基金等进行支持和引导，统筹组织企业、高校、科研院所等协同攻关，重点围绕动力电池与电池管理系统、电机驱动与电力电子总成、电动汽车智能化技术、燃料电池动力系统、插电 / 增程式混合动力系统和纯电动力系统等创新链进行攻关。

三是通过中国汽车工业协会、中国智能网联汽车产业创新联盟等行业协会或联盟组织，研究确定我国智能网联汽车通信频率，出台相关协议标准，规范车辆与平台之间的数据交互格式与协议，制定车载智能设备与车辆间的接口、车辆网络安全等相关技术标准。促进智能汽车与周围环境和设施的泛在互联，在保障安全的前提下，实现资源整合和数据开放共享，推动宽带网络基础设施建设和多行业共建智能网联汽车大数据交互平台；开展智能网联汽车示范推广。出台测试评价体系，分阶段、有步骤地推进智能网联汽车应用示范，稳步扩大试点范围。

另外，许多地方政府也为智能汽车产业巨大的规模所吸引，在辅助配套设施建设、智能汽车测试场景建设等方面进行规划和投资。

政府的规划、科技基金的支持，以及行业协会在相关的法律、法规、技术标准、产品标准、监管政策的制定和实施等方面的推进，对中国智能汽车产业技术的进步、生态体系的形成、潜在市场向现实市场的转化等方面，起到了非常重要的促进作用。

在技术路线的选择方面，中国政府极力推动车路协同而非单车智能的技术路线。其背后主要有两个考虑：一是道路交通场景复杂程度极高，仅凭单车智能化方案难以在量产车上实现无人驾驶；二是通过采用智能化与网联化相融合的发展方向，可以有效弥补单车智能存在的能力盲区和感知不足，降低对自身搭载传感器、硬件性能等要求，降低单车成本，有利于快速实现自动驾驶。

如果政府推荐的技术路线确实是最优路线，那么对降低不确定性，降低完全依靠市场化探索造成的时间和资源方面的浪费，加速潜在市场转化为现实市场，确实是有利的。但如果由于技术方面的不确定性，政府推荐的技术路线并非最优路线，单车智能路线若更早地取得成功，则会让中国企业付出较大的代价。在一个错误的道路上被锁定的时间越久，未来更改路径的时间成本和机会成本越高。

如果两条路线并行发展，有利于中国车企在国内市场的竞争，但会对中国车企国际化带来更大的挑战。因为采用车路协同路线，需要在辅助设施（路端、云端等）上进行大量的投资。这些投资都是公共物品，若没有重大制度创新，难以激发个人投资者的兴趣，主要依靠政府投资。除了中国以外，其他国家的政府都缺乏这样的投资能力。如果中国的智能汽车必须依靠路端、云端协同设施的支持才能安全行驶，那么进入国际市场就会遇到巨大的障碍。

积极的政府政策有助于促进潜在市场转化为现实市场，加速产业的发展。政府投资的倾斜有利于传统车企在资源方面获得优势。除了中国以外，世界主要汽车制造强国，对本国智能汽车产业的发展，也制定了类似的支持政策，也积极地制定安全标准、技术标准，促进和引导智能汽车产业的发展。

资本介入的力度与投向

智能汽车产业因巨大的市场规模、可观的盈利空间，对资本有着巨大的吸引力。资本的加持，对全球智能汽车产业的发展具有非常重要的影响。

工业和信息化部财务司副司长、一级巡视员翁啟文在
2022 世界智能网联汽车大会上说:"智能网联汽车不仅是战
略性新兴产业跨界融合的经典应用场景,而且是技术创新与
金融创新融合的金融试验场,是各路资本径向追逐的热点和
风口。""从技术的研发到应用示范,再到商业化落地,整个
产业链条,尤其是关键核心技术突破和创新能力的提升,都
离不开金融资本的大力支持。"①

总体来说,资本更倾向于投向产权更为清晰、机制更为
灵活并具有上市潜力的科技公司,有助于平衡政府在资源配
置方面对传统车企的倾斜。以 2021 年为例,据《赛博汽车》
不完全统计,在汽车智能化方向上,2021 年一二级市场累计
投融资总额达 1 591.9 亿元,投资热点主要在整车、自动驾
驶解决方案、芯片、激光雷达等领域。②

毫无疑问,金融资本的支持对科技公司核心资源能力的
提升,对关键智能技术软硬件的研发,对创新技术和产品的
落地,都起到了不可或缺的作用,也对科技公司能否支撑到

①　智能网联汽车再提速,资本需如何助力?. https://baijiahao.baidu.com/s?id=
1745178614395140435&wfr=spider&for=pc.
②　1600 亿热钱流向了哪? 2021 年智能汽车、自动驾驶投融资解读.
https://baijiahao.baidu.com/s?id=1720982596456879164&wfr=spider&for=pc.

获得预期收益的时候，起着决定性的作用。

　　然而，资本是短视的。如果智能汽车潜在市场转化为现实市场的周期过长，资本迟迟得不到回报，资本的耐心就会丧失。

⊕ 颠覆性创新下，谁更可能在终局中占据主导地位

　　将上述分析进行总结，我们可以将博弈模型（见图 5-1）具体化为图 5-2。

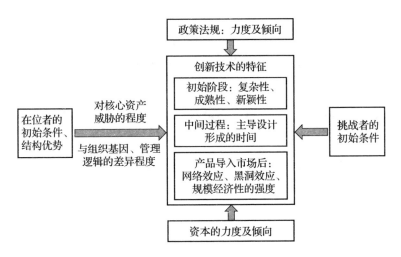

图 5-2　影响哪一方胜出的关键要素：博弈的视角

我们以图 5-2 为基础对前面讨论的内容进行总结，并给出推断结论：

- 在位者与挑战者初始的资源能力、在产业结构中所处的地位及由此带来的结构优（劣）势、对产业终局的判断，是双方博弈战略的出发点和基础条件。哪一方能够占领战略制高点——AI 驾驶系统，是决定未来产业地位的关键，也是双方抗衡的焦点。

- 在位者核心资产受到威胁的程度或范围，决定在位者过去拥有的竞争优势得以保留的程度，以及面临转型的幅度和范围。

- 颠覆性技术与传统技术在组织基因、管理逻辑方面的差异程度，决定在位者培育新的资源能力需要付出的管理成本、协调成本以及转型的周期。

- 在位者结构优势的强度决定其在转型的初始阶段，在与合作伙伴谈判过程中是否拥有足够的议价能力、能否为其战略腾挪，整合、培育新的资源能力提供足够的空间和时间。

- 挑战者拥有的资源能力，包括已掌握多少核心技术、能否赢得投资者的持续支持或者其他业务的现金流能否为创新业务发展提供持续的支持，对双方抗衡的结果有至关重要的影响。先动者是否存在显著优势，与新技术的进入壁垒、网络效应、规模收益递增、数据的黑洞效应、先行建立的品牌和渠道优势是否显著等密切相关。

- 颠覆性创新技术的复杂性、新颖性高，成熟性低，因而需要较长的研发周期；产品与用户及相关方的安全高度相关，因而准入政策非常严格，是否达到准入标准需要进行大量的测试和验证，将使主导设计形成之前的开发周期较长。

- 当主导设计形成，创新产品导入市场后，创新技术及产品是否存在显著的网络效应、数据的黑洞效应、规模经济性等，将决定先动者能否迅速构建优势，形成强者恒强，甚至赢者通吃的格局。

- 政府、资本对在位者、挑战者支持的力度和倾斜度，对潜在市场转化为现实市场的周期，以及未来的竞争格局会产生重要的影响。

如果在位者原有的核心资产受到较大程度的威胁、创新技术的组织基因与管理逻辑与原有技术的差异较大，则在位者转型的周期较长，需要付出的管理成本、协调成本较高。挑战者拥有很好的技术积累和相关的资源能力，较快地发现了主导设计，因而能够较快地将创新产品导入市场。产品拥有较强的网络效应、数据的黑洞效应、规模经济收益递增，可以迅速创造和巩固先动者优势。在这种情况下，在位者即便拥有结构优势，也很难在创新性产业中独立开发出核心技术，只能通过与挑战者合作来获得核心技术。这些企业可能拥有自己的品牌，但产品附加价值最高的部分将掌控在挑战者手中。那些在转型过程中出现战略失误的企业甚至可能会出局。智能手机厂商与传统手机厂商的竞争终局，大致如此。

如果在位者原有的核心资产受到威胁的程度有限、创新技术的组织基因与管理逻辑与原有技术的差异较小，则转型的幅度较小，培育新的资源能力需要付出的管理成本、协调成本不高。创新技术的复杂性、成熟性、新颖性较高，主导设计出现的时间较晚，创新技术潜在市场转化为现实市场的周期较长。在位者原有的产品依然能够为其带来较为丰厚的现金流，同时在产业结构中处于有利的地位，结构优势较强，这些因素的结合使得在位者拥有足够的时间完成转型，并培育出新的资源能力。挑战者拥有的相关资源能力不是很强，培育新的资源能力依然需要较长的周期；短视的资本市场缺乏为挑战者提供支持的动力。在这种情况下，在位者更可能在未来竞争格局中保持主导地位。

✛ 决定智能汽车在位者与挑战者博弈胜败的关键：周期

传统车企的核心技术（发动机、变速器等）被替代，积累近百年的核心资产受到了较大的威胁，拥有的竞争优势仅得到了部分保留，因而不得不面对双重转型：从传统燃油车向电动车转型；从电动车向智能化转型。从燃油车向电动车转型，相对易于实现，但智能驾驶软硬件技术与传统汽车机械制造技术在组织基因、管理逻辑方面的明显差异，决定了传统车企培育新的资源能力的过程中需要付出极高的管理成本、协调成本，需要经历漫长的转型周期（如果要建立系统的AI 软件能力，从 2019 年算起，估计需要十年左右的时间）。

传统车企在转型的初始阶段，在产业结构中处于有利的地位，这使其在与科技公司谈判中拥有较强的议价能力，为其战略腾挪，整合、培育自身的资源能力提供了一定的空间。

目前，头部科技公司如华为、百度等，已经具备 L2 级甚至 L3 级智能驾驶系统的研发能力，并积累了一定的数据以及基于数据对模型进行优化的能力，处于相对领先地位。

但是，由于传统车企利用结构优势，在选择合作伙伴时，将智能驾驶系统切割成若干模块，分包给不同的科技公司，使得几乎所有科技公司的智能驾驶业务难以实现盈利。这些公司要么依靠从资本市场获得资金支撑，要么依靠公司的其他盈利业务提供补贴。如果主导设计迟迟不能形成，潜在市场迟迟难以转化为现实市场，未来何时能够转化为现实市场难以做出预期，那么这种局面将对传统车企更为有利，因为传统车企原有的业务依然能够带来现金流，为传统业务转型提供更多的时间和空间。同时，资本市场会失去耐心，大型科技公司决策者的信心也可能动摇，因而无法保证在智能科技方面投入的力度，科技公司的领先优势就可能丧失。因此，L4 及以上级别的智能汽车潜在市场转化为现实市场的周期，是决定双方博弈结果，进而决定智能汽车产业未来竞争格局的核心变量。

另外，汽车制造业从燃油车向电动车转型的速度，也与智能汽车潜在市场转化为现实市场的周期密切相关。高阶智能汽车在功能方面的巨大优势，使得其关键性能指标一旦达到客户预期，将使所有在电动车和传统燃油车之间徘徊不定、犹豫不决的客户立即果断又坚定地转向智能汽车。因此，如果智能汽车的性能指标，如安全性、运行速度和流畅性、隐私保护等能够达到客户预期，市场需求不是问题。技术的不确定性确实存在，但需求的不确定性完全取决于技术的不确定性能否得到有效消除。功能上的优势是巨大的，关键看性能能否达到客户期望。

那些在电动化还是燃油路线之间犹豫徘徊的传统车企，真正需要判断的核心问题依然是 L4、L5 级别的智能化能否实现，多长时间能够实现。如果十年内能够实现，那么任何犹豫和徘徊都意味着机遇的丧失。在捕获传统汽车市场剩余价值的同时，坚定不移地走电动化的道路，是必须的。在传统汽车的架构上是很难实现智能化的。

第 6 章专门对潜在市场转化为现实市场的周期进行分析，这也是在位者与挑战者过程管理与控制的关键。

06

第 6 章

从起点到终局：潜在市场转化为
现实市场的周期

洞察终局，对选择正确的赛道，决断在未来产业格局中的定位，具有重要价值。同一条赛道，谁能够跃过龙门，则取决于谁能够更有效地控制实现目标的过程。终局洞察与过程控制是伟大战略的两翼，缺一不可。

所谓"提早布局，顺势而为"，是过程控制的关键。把握"早"的时机、借力"势"的风口，在于对创新性技术潜在市场转化为现实市场的周期的认识和理解。

智能汽车技术极为复杂、新颖且成熟性低，主导设计探索难度极大，很难一步到位；产品关乎多方交通参与人的安全，制定准入标准需要进行大量的测试和验证，这些因素的结合，使得智能驾驶系统主导设计形成之前的周期较长，也使得智能汽车的市场导入是一个渐进的缓慢升级的过程。

高阶智能主导设计一旦形成，产品在功能/性能方面的优势度、集成度、简化度，使得客户在认知方面不存在障碍。制约导入市场速度的关键，是准入前的测试验证、产品更换成本/频率、辅助设施的投资规模和周期等。估计这个周期在3~5年。

需求的增长不仅依赖于产品特征，而且依赖于产品安装基础的规模。某一技术路线一旦得到产业内重要利益相关方的认可，并迅速形成一定的安装基础，就会促动、激发复杂技术系统的自我强化效应：安装基础越多，配套组件的可获得性越高，产品在性能和价格方面的优势越强，对用户的价值越大，从而进一步激发对该产品的需求。

窗口期意味着在颠覆性创新产业生命周期的不同阶段，产业发展的关键要求与参与竞争公司的特定能力、战略定位之间的契合仅在有限的时期内处于最佳状态。特斯拉 FSD Beta V12 是史上第一个端到端 AI 自动驾驶系统。它不再依赖于传统的高精地图和导航数据，而是完全依靠车载摄像头和神经网络来识别道路和交通情况，并做出相应决策。这一技术具有成为主导设计的极大潜力。换言之，智能驾驶系统新进入者进入的窗口期已经过去。那些早已开始智能驾驶系统研发的企业也需要评估自己能否在 3～5 年内取得突破，并成为未来的极少数的赢家。资源能力相对有限，不谋求掌控智能驾驶系统技术，定位于整车制造与运营业务的窗口期已经开放，但因传统车企和新势力大多数将转型为这种模式，新进入者的空间也比较有限。

当技术复杂性、新颖性非常高，成熟性比较低，研发难度大、风险高、周期长，很难一步到位；产品准入需要复杂测试、验证的领域，适合采用火箭战略：做一个功能相对简单、相对便宜的产品，让它变得越来越好。其他情况下，根据公司的战略定位，可以考虑瀑布战略：先做一个功能完善的好产品，然后让它越来越便宜。

颠覆性创新技术及其对应的巨大市场，既是一个令创业者心潮澎湃，热血沸腾，让梦想展翅飞翔的星辰大海，也可能是一个令创业者头破血流，折戟沉沙，永远不愿回望的伤心之地。在这里，只看到诱惑而没关注到风险，就很可能掉进陷阱；只看到风险，看不到巨大的市场潜力，就可能丧失重大的机遇。

洞察终局，对选择正确的方向或赛道，决断在未来产业终局中的定位，具有决定性的意义。但在同一条赛道上竞争的企业如过江之鲫，谁能够脱颖而出，取决于谁能够更好地控制走向终极目标的过程。终局洞察与过程控制是伟大战略的两翼，缺一不可。

与过程控制相关的关键问题包括：产业进入的时机如何把握？所谓"提早布局"，早到什么时候？是做领先者还是追随者？进入产业，技术开发达到一定阶段后，是选择瀑布战略：先做一个功能完善的好产品，然后让它越来越便宜？还是选择火箭战略：做一个功能相对简单、相对便宜的产品，让它变得越来越强，越来越好？"顺势而为"，这个"势"如何把握？什么时候"风口"会出现？

颠覆性创新之所以能够颠覆，主要有两条路径：创造一个全新的市场，或者切入一个被在位者忽视的细分市场。[①] 这两类市场，严格地说只能称为潜在市场而非现实市场。上述与过程控制相关的关键决策或选择，与决策者对两个问题的判断高度相关：一是潜在市场要经过多长的周期、投入多少成本才能转化为现实市场？二是对于供应链上的厂商，自身业务的窗口何时会打开，何时可能会关闭？怎样在窗口开启前完成产品研发、测试、制造，成功把握机遇；在窗口关闭前完成相关的战略布局，绑定与关键用户的关系？

本章首先构建一个概念模型，用以识别和分析制约颠覆性创新技术潜在市场转化为现实市场的周期；然后以智能汽车产业为研究对象，推断 L4 及以上级别的智能汽车潜在市

---

① Christensen C M, Raynor E M, McDonald R. What is disruptive innovation?. Harvard Business Review, 2015, 93(12): 44-53.

场转化为现实市场的周期；最后，为智能汽车产业的不同类型的企业战略选择提供相应的建议。

⊕ 影响潜在市场转化为现实市场的关键要素

　　将创业者为某一创新性技术及其对应的市场所吸引，开始将该创新性技术按照市场需求作进一步研究与开发，以谋求将产品投放市场，获取利润，作为度量转化周期的起点；将产品过了导入期，开始步入高速成长阶段这一转折点作为终点；将二者之间的时间差定义为潜在市场向现实市场转化的周期。

　　具有颠覆性潜力的创新产品的技术特征，决定后续研究与开发、测试验证、生产制造的周期和成本。产品的功能与性能特征决定用户的规模及对产品接受的难易程度。许多产品为用户所接受的过程并不这样简单直接，常常需要具备其他条件：一是法律法规方面的准入许可以及政策方面的支持；二是得到投资者的青睐，获得资本的加持；三是需要配套条件或辅助设施方面的协同。这几个要素之间的关系，如图 6-1 所示。

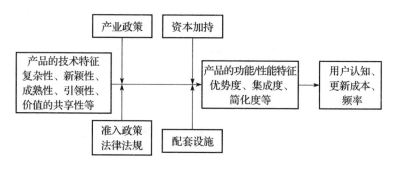

图 6-1 潜在市场转化为现实市场的影响因素

这个模型分为两部分：中间的主轴，是颠覆性创新产品内在的因素。产品的技术特征、功能/性能特征决定产品达到相关标准和用户预期在技术开发、生产制造、市场营销等方面所需的周期。主轴上下两侧的部分是外部的影响/制约力量。给定技术特征和功能/性能特征，准入标准高且无法得到产业政策和资本的支持、辅助设施投资需求高，则周期长。下面，我们对模型作进一步解释。

产品的技术特征

影响潜在市场转化为现实市场的技术特征，主要是技术的复杂性、新颖性、成熟性，以及技术的引领性和价值的共享性等方面的特点。

1. 技术的复杂性。技术的复杂性首先是指技术包含知识的宽度与深度。宽度是指产品所包含的技术成分或专业知识的数量、不同技术成分之间的差异程度。深度是指产品设计、制造所涉及的专业知识要达到的水平或掌握的难度。技术的复杂性还表现在产品不同元器件之间是否存在紧密而又复杂的交互作用关系。如果存在交互关系，某个部件的微小变化，就需要系统的其他部分做出协调一致的调整。

技术包含的知识范围越宽、涉及的专业技术门类越多，为实现特定技术目标需要完成的子任务越多，越需要更多专业知识的创造性融合和协同。技术的深度，则要求研究与开发人员对关键专业领域技术知识的理解达到以往未曾达到的深度，这会极大地提高技术开发及产业化的难度。当技术复杂性非常高时，不仅不同关键部件 / 模块的开发需要高深的知识，不同技术部件的集成与整合效果，也需要进行较长周期的验证。如果为实现特定技术目标需要完成的子任务间是交互依赖关系，还对管理能力提出了非常高的要求。如果技术非常复杂，用户在理解技术 / 产品功能与价值方面充满挑战，也会阻碍潜在市场的转化。比如，重型燃气轮机之所以被称为现代工业的皇冠，就是因为其包含的知识的广度、深度及不同部件间非常复杂的交互依赖关系。这导致我国虽然投入了巨大的资金和人力,历经了二十余年的时间,依然不能独立研发和制造 150 兆瓦以上的重型燃气轮机。

2. 技术的成熟性。包括两个维度:技术本身的成熟性和产业链的成熟性。技术本身的成熟性是对关键技术达成项目目标程度的一种度量。技术成熟性低意味着后续还需进行较多的研发与验证、模拟与工程化、产品化等一系列的工作。复杂产品技术成熟性重要的观测指标之一是主导设计是否形成。产业链的成熟性则度量技术商业化所需的供应链体系是否健全,软硬件质量的可靠性、价格等方面是否符合预期。

3. 技术的新颖性。技术的新颖性与技术的成熟性之间存在一定关联。技术的新颖性是指在不考虑经济价值的前提下,新技术与现有技术的差异程度。新颖的技术依靠的是新的资源和能力,可能打破原有公司的能力壁垒,从而具有颠覆式创新的潜力。高新颖性的技术可能会使决策者高估技术商业化后的市场效应,低估成熟性不高对商业化的挑战。技术新颖性越高,也常常意味着成熟性越低,后续还需要进行许多进一步的研发,技术的效果还需要进一步验证。同时,技术新颖性越高,常常意味着支撑这一产品的供应链体系的成熟性越低,需要系统地建设和完善产业配套体系。

4. 技术的引领性。[1] 技术的引领性用以评价一项技术引领带动相关产业发展或者运用到更广阔市场的潜力，以及创造强大生态系统的潜力。一般情况下，技术引领性并不会直接影响潜在市场转化为现实市场的周期，但引领性越强，越易于得到资本的认可和政府的支持，从而有助于缩短潜在市场转化为现实市场的周期。

5. 价值的共享性。[2] 价值的共享性用以评价新技术为上游、下游和与创新相关的所有其他合作方带来的盈利机会。创新性技术及产品的开发和应用，能够为产业参与者带来更好的盈利前景和发展机会，因而可以吸引更多的参与者进入产业，完善供应链体系，发展建设相关的辅助或配套设施，使得产业的生态体系得以在较短的周期内建立起来。

一项技术复杂性很高，需要多专业领域的高精尖人才进行跨专业的深度合作；成熟性较低，主导设计尚未形成，后续还需要做很多研发工作，且不确定性较高；新颖性很高，需要研发设计很多非标的元器件，缺少成熟的产业配套支持。即便具有很强的技术引领性、价值共享性，潜在市场转

---

[1] Guo Jianfeng, Pan Jiaofeng, Guo Jianxin, Gu Fu, Jari Kuusisto. Measurement framework for assessing disruptive innovations. Technological Forecasting & Social Change, 2019, vol. 139: 250-265.

[2] 同[1].

化为现实市场的周期依然会是一个漫长的过程。

产品的功能与性能特征

产品的功能是指产品对客户具有哪些用途，或者产品为客户创造何种价值。性能是指实现特定功能时达到的水平，或表现出来的质量和效率。产品的功能结构及性能指标，对应着产品对用户及其他利益相关者的价值。功能 / 性能特征决定市场对技术的接受度。

1. 功能及性能的优势度。如果产品具备切实为用户所需的强大功能，且关键性能指标达到或超出客户预期，如移动电话拥有传统有线电话不具备的移动便携性，使得用户可以随时随地与其他用户进行沟通，给用户带来更大的价值，就可以快速导入市场。

2. 功能的集成度。能够实现的不同功能集成的数量或范围。许多创新能够实现多种功能的集成与整合。比如，智能手机将移动通信、数码成像、互联网等多种功能整合集成在一起。如果集成度提高的同时又不显著增加用户使用过程中的复杂性和成本，就会给用户带来价值。集成度也评价创新与现有范式的融合度。更高水平的集成意味着更复杂的创新行为。

3. 用户成本降低幅度。在功能类似的情况下，能够显著降低用户购买成本和使用成本；或者功能略少或性能略低，但能使用户成本更显著地下降。这是克里斯坦森的经典的从低端市场切入的颠覆性创新。

4. 简化度。能够让用户操作更为简单、方便地实现某些功能。例如，传统的胶片相机被数码相机取代，原因之一是后者操作更方便，照片存储与浏览更为方便。

产品准入与使用相关的法律法规及产业政策

许多产品导入市场，必须通过政府有关部门的审核，达到相应的市场准入和运行监管标准，包括产品准入方面的标准、产品责任方面的法律法规、运行过程监管的相关法规，以及伦理方面的制度和规定。颠覆性创新产品，常常缺乏相应的认证标准、认证方法和程序，甚至没有相应的认证机构。制定质量、安全标准，需要进行大量的测试和验证工作，有些测试和验证工作的周期很长。

中国政府对那些具有显著引领性的产业，以及对国际竞争地位提升具有重要影响的产业，常常会制定相关的产业政策，来促进这些产业的发展。同样，对那些在上述方面存在负面影响的一些产业，也会制定约束性的产业政策，来限制这些产业的发展。政府政策的科学性，相关部门工作动力、质量和效率，对潜在市场转化为现实市场，也产生一定的影响。

辅助配套设施

许多颠覆性创新产品常常不能独立使用，需要辅助的配套设施来支撑。一般而言，需要的配套设施数量、种类越多，投资额越大，预期投资回报越不明确，潜在市场转化为现实市场的成本就越高、周期越长。另外，但凡涉及配套设施投资，常常会产生一个先有鸡还是先有蛋的问题。如氢能源汽车，需要加氢站以提供能源接续。对于加氢站投资者来说，只有路上有足够数量的氢能源汽车在行驶，建设加氢站才是有利可图的；对于用户来说，只有路边有合适数量的加氢站，购买氢能源汽车才是便捷的。如果不能找到突破这个瓶颈的办法，潜在市场转化为现实市场的难度就会很高。

中国政府选择车路协同的技术路线，需要在路端、云端投资大量的基础设施。这些设施都是公共产品，具有非竞争性、非排他性等特点。谁来投资、谁负责管理，如何收费等，还需要探索制度创新的途径。

资本及用户端的影响

如果某一颠覆性技术能够吸引资本的关注，获得资本的加持，从而能够更有效地整合资源，加速技术研发、产业化投资及市场化探索，会加速潜在市场转化为现实市场。当然，资本很多时候具有短期取向，潜在市场转化为现实市场的周期如果太长，则会对资本的耐心提出挑战。

用户端的以下因素会影响潜在市场向现实市场转化的进程：理解和认知产品的价值的难度；用户更新产品的频率与成本。如从传统手机转用智能手机，因为产品价格／收入比较低，技术进步速度快，所以更新成本较低，更新频率较高。但汽车价格／收入比高，产品寿命周期长，更新产品成本较高、频率低。是否需要改变习惯或者接受相应的培训，也是制约用户接受新产品的一个影响因素。另外，在当今互联网时代，企业家的社会影响力、动员力，对潜在市场转化为现实市场，有时候可能发挥特殊的作用。如电动汽车能够被硅谷的精英们率先接受，与马斯克个人非凡的影响力具有密切的关系。

这些制约潜在市场转化为现实市场的要素结合起来，最极端的情形就是：

- 技术的复杂性、新颖性非常高，成熟性低。后续还需要进行大量的研发和供应链体系建设工作，而研发和供应链建设过程中存在较高的难度和不确定性。

- 产业规模有限，缺乏技术引领性和价值共享性，政府和资本对该产业的发展缺乏足够的兴趣。政府不愿意制定相应的支持政策，投资者不愿意进行大规模投资。

- 产品进入市场，需要政府制定相应的质量、安全标准与评价方法，责任认定的评价标准与方法；质量安全标准制定前，需要进行大量的测试与试验，以取得相关的数据。

- 产品若能被用户便利地使用，需要多种配套设施和基础条件支持，这些配套设施的投资大、建设周期长，预期回报不明朗。

- 产品过于复杂、功能优势不强，价格与最佳替代品比较没有优势。让用户理解产品的功能和价值需要做较多的宣传和影响工作。

　　这些因素结合到一起，意味着潜在市场转化为现实市场的周期将相当漫长，甚至不可能转化为现实市场。如果上述所有这些因素都相反，则潜在市场转化将是一个极其快速的过程，一般 1～3 年就可以实现，比如智能手机。

✛ 主导设计与战略窗口期

　　智能汽车潜在市场规模巨大，诱惑力无限，但向现实市场转化的过程漫长。在产业生命周期的"模糊前端"（fuzzy front end），市场边界、产品特征、用户需求、技术性能等关键要素仍然难以捉摸的情况下，创业者如何把握产业进入的窗口期呢？

　　费尔南多·苏亚雷斯等（Fernando F. Suarez et al., 2015）将产业生命周期理论与分类动态学（categorical dynamics）相融合，引入了主导类别（dominant category）和主导设计（dominant design）两个概念来界定窗口期："窗口开于主导类别的出现，闭于主导设计的形成。"

　　所谓"主导类别"，是多数利益相关者在提到满足类似需求并争夺相同市场空间的创新产品时坚持的概念图式

（conceptual schema）。比如，智能汽车概念出现时，利益相关者对产品功能、价值或类别的称谓多种多样，如自主陆地车辆（autonomous land vehicle）、无人驾驶汽车（self-driving car）、自动驾驶汽车（autonomous driving car）、电脑驾驶汽车（computer driving car）、轮式移动机器人（wheeled mobile robot）、聪明汽车（smart car）、智能汽车（intelligent car）、智能移动空间（smart mobile space）、智能网联汽车（intelligent connected vehicle，ICV）等。称谓的不同，反映了不同利益相关者对产品功能、价值及其侧重点的不同认知。当这种分歧逐渐消失，意味着主导类别的形成，标志着社会认知不确定性（social cognitive uncertainty）的解决，也意味着市场对预期产品心理上的认可和接受。因此，主导类别的出现标志着新行业的机会之窗已经打开（Fernando F. Suarez et al., 2015）。

主导设计是产业内大多数企业和市场上大多数用户所接受的关键技术模式、产品设计或技术标准，这一技术模式的改进，可以使产品性能达到或超过客户的期望。与主导类别不同，主导设计是物质构成的，并通过技术实验、路径依赖（Anderson & Tushman，1990）以及对工艺流程的开发和规模经济的投资（Klepper，1997）而产生。主导设计解决了技术的不确定性，并从根本上改变了行业的竞争动态。早期选择了主导设计的企业的先动者优势已经建立，产业竞争开始转入规模、成本、质量、性能等方面的抗衡，意味着窗口期的结束。

需求的增长不仅依赖于产品特征，而且依赖于产品安装基础（installed base）的规模。某一技术路线一旦得到产业内重要利益相关方的认可，并迅速形成一定的安装基础，就会促动、激发复杂技术系统的自我强化效应：安装基础越多，配套组件的可获得性越高，产品在性能和价格方面的优势越强，对用户的价值越大，从而进一步激发对该产品的需求。锂电池电动汽车能够先于氢能汽车快速发展，与电动汽车率先取得安装基础优势有非常密切的关系。安装基础不仅与网络效应相关，而且与博弈各方的利益和资源能力高度相关。

基于 AI 的自动驾驶技术研发始于谷歌 2009 年 1 月启动的 Project Chauffeur 项目。2010 年 10 月，谷歌第一代由丰田普锐斯改造而来的 7 辆测试车，已经跑了 14 万英里。2012 年谷歌获得了内华达州颁发的第一张自动驾驶汽车测试牌照，并推出了由雷克萨斯 RX450h 改造的第二代测试车，车队当年在高速公路上累计完成了超过 30 万英里的测试里程。

2016 年 3 月，谷歌基于深度学习的 AlphaGo 与世界冠军李世石进行围棋人机大战，以 4 比 1 的总比分获胜。这一标志性的事件增进了社会对人工智能的认知和信赖，加速了关于智能汽车产品形态的共识。2016 年美国发布《联邦自动驾驶汽车政策》（Federal Automated Vehicles Policy），可以视为主导类别的形成。

特斯拉采用的神经网络 AI 驾驶系统，曾被普遍视为主导设计。但随着自动驾驶系统装载量上升，行驶里程增加，事故不断增多，引起了业界对特斯拉 AI 自动驾驶系统作为主导设计的质疑：弱人工智能（weak artificial intelligence）能有效解决复杂的无边界场景的感知、决策、行动问题吗？

2022 年下半年，图灵奖得主约瑟夫·希法基斯（Joseph Sifakis）、杨立昆（Yann LeCun）等纷纷发声：弱 AI 下的自动驾驶，只能实现有限规则＋有限可判定结果。真正无人接管的自动驾驶，需要适合有限规则＋无限可判定结果的场景。只有人工智能达到"通用人工智能"（artificial general intelligence）[①]的水平，才能做到这一点。通用人工智能作为人类探索和努力的方向，尚无人能给出实现的时间表。清华大学人工智能研究院院长张钹强调："人工智能现有的方法

---

① 通用人工智能是指计算机能理解和习得与人类相同甚至更强的思考能力和智慧。

只能处理结构化环境下的问题，非结构化环境下的问题，人工智能还有待提高。"

在当今万物互联、大数据、智能化的时代背景之下，对智能汽车产品形态的认知共识较容易达成，主导类别的出现相对较快，但是由于自动驾驶技术的复杂性非常高，成熟性非常低，主导设计的形成非常具有挑战性，这就导致主导类别形成与主导设计出现二者之间的时间差较长，这对投资者、创业者并非好事。

2022 年接近年末，资本市场已对自动驾驶前景的悲观预期做出了反应。2022 年 11 月 17 日，大众新任管理董事会主席奥博穆宣称：他将推迟公司 L4 级自动驾驶 Trinity 项目的时间，并考虑放弃位于狼堡的建厂计划，因为他看不到 L4 级自动驾驶商业落地的可能。早在 10 月末，福特与大众相继撤出 L4 级自动驾驶独角兽公司 Argo AI，随后 Argo AI 宣布倒闭。谷歌的 Waymo、通用汽车的 Cruise，以及 Aurora、Nuro、图森未来和 Embark Technology 等自动驾驶公司也传来人事剧变、市值暴跌、裁员、降薪等信息。中国市场的知名 L4 级自动驾驶公司 Momenta、小马智行等，也估值下跌，融资困难。

换个角度看，智能汽车发展遇到挑战不是偶然的。在颠覆性创新技术主导设计尚未得到普遍确认的过程中，会有各种各样的起伏、波动。既有创业者取得某些突破后的喜悦、媒体的高调吹捧，也有进展缓慢时投资者的质疑、各方泼来的冷水。特别是较长时间内无法攻克市场关注的热点问题，会有各种悲观的声音不时响起，其中有些声音可能来自业界具有重要影响力的大咖。这种声浪与资本市场的反应交汇在一起，就可能形成产业发展的低谷，甚至被视为"泡沫"的破裂。互联网发展过程中，就曾有过这种经历。

智能驾驶系统包括感知、决策、执行三个核心部分。感知模式选择方面，全球车企大致可以分为两类：一类是特斯拉的摄像头视觉感知＋神经网络模型的模式；另一类是特斯拉以外的绝大多数企业采用包括摄像头、激光雷达、毫米波雷达、超声波雷达等多源感知系统＋多源融合算法的模式。执行部分，各参与方基本相似。

2022年11月底，ChatGPT的横空出世，给AI汽车领域的相关参与方注入了新的动力，开辟了新的创新方向。特斯拉用大数据模型优化其自动驾驶系统，"这就像ChatGPT，但对于汽车，我们处理大量关于真实人类驾驶员在复杂驾驶情况下的行为数据，然后我们训练计算机的神经网络来模仿它"。特斯拉已经根据系统可以访问的最佳场景驱动程序分析了10万个视频剪辑，并用这些图像对模型进行训练。未来预计将使用来自真实驾驶事件的数十亿个视频帧来训练其神经网络，而不是像以前的版本那样使用数万行代码。[①] 在此基础上推出了 FSD（full self-driving）Beta V12，在加州上路进行了实测，并由马斯克进行了视频直播。

FSD Beta V12 是史上第一个端到端 AI 自动驾驶系统。FSD 系统不再依赖于传统的高精地图和导航数据，而是完全依靠车载摄像头和神经网络来识别道路和交通情况，并做出相应的决策。重要区别在于各模块都去除了基于规则的代码，最新的 FSD Beta V12 的代码数量已经从 2 万多行降到 2 000 多行。模型的复杂度明显降低，运行时的功耗也明显降低。整个智能驾驶系统无须网络连接，仅在本地运行即可处理相关状况。

除代码缩减之外，特斯拉 FSD Beta V12 最大的一个亮点是神经网络的自主学习和自动决策。在这次直播过程中所经历的道路，包括建筑和道路标志，是之前没有特别去学习过的，而且在遇到减速带和环形交叉路口时，FSD Beta V12 的代码中没有任何一条是针对这两个场景的，但是直播时这辆车在减速带会主动减速行驶，在环形路口也会避让其他车辆。

---

① EatElephant. 谈谈特斯拉 FSD V12. https://zhuanlan.zhihu.com/p/653628873?utm_id=0.

新的端到端 AI 自动驾驶系统的发展，使得困扰 AI 驾驶系统的"AI 算法、长尾数据、安全法规不可能三角困境"可在一定范围内得到解决。所谓"不可能三角"是指：如果 AI 算法不能保证智能汽车的安全性，法规就不会允许企业在更多的场景和范围进行测试并采集数据；若没有新长尾数据支撑，AI 算法就无法满足法规对安全性的要求。特斯拉可以采用目前行驶在全球各地的 L2、L3 级别的汽车采集的数据对模型进行训练，从而实现有效数据不断增多、模型持续优化、安全性不断提高的正循环。

特斯拉的端到端的 FSD 系统的发展，还可能使得是单机智能还是车路协同的技术路线的争论休止。单机智能若可实现安全和客户体验的相关目标，就将成为主流路线。

虽然目前还存在极大的争议，但我个人判断，特斯拉现在采用的端到端的摄像头视觉感知 + 神经网络模型的技术模式，非常具备成为智能驾驶技术主导设计的潜力。

⊕ 对智能汽车潜在市场转化周期的推断

将图 6-1 的分析和智能汽车主导设计基本形成的判断

综合起来，站在 2023 年这个时点，对智能汽车潜在市场转化为现实市场的周期给出大致判断：

- 智能汽车应用场景极端复杂、应用环境极端不确定，虽然主导设计已经形成，但技术模式的优化和改进依然需要一定的时间。

- 因为涉及安全，包括用户的安全、第三方的安全、社会的安全，产品准入的相关法规一定会非常严格。导入市场之前必须进行大量的安全性测试和验证，并在测试验证的过程中持续不断地对产品进行改进。智能汽车作为颠覆性创新产品，没有相关的产品标准和运行监管标准，这些都有待于在广泛的测试、试验过程中建立。

- 仍需长尾数据的补充。虽然可以借助 L2、L3 级别的汽车采集的数据对 AI 模型进行训练，但 L2、L3 级别的智能汽车与 L4 级别的汽车毕竟存在许多不同。基于 L2、L3 级别的汽车采集的数据训练的模型，依然需要在更广泛的场景中测试，并通过直接采集的数据来对模型加以优化。

- 智能汽车产品价格高，用户更新产品频率低、周期长，这些对潜在市场向现实市场转化的速度形成一定的制约。

有利的因素包括：

- AI 技术快速进步。自 OpenAI 推出大数据模型，并展示了其强大的学习能力和解决问题的能力以来，AI 的研发在全球范围内更受重视，科技公司的投入明显增加，取得的进步显著加快。

- 技术具有显著的引领性，因而政府愿意制定积极的产业政策促进产业的发展。产品功能方面具有显著的优势，加上 L2、L3 级别产品已经导入市场并为用户所认知和接受，可以缩短 L4、L5 级别产品的市场导入的时间。

- 潜在市场规模巨大。作为智能移动空间，主机厂除了销售产品以外，还可以通过系统升级、智能座舱服务等多种渠道获得收益，利润空间较高，因此，对投资者拥有很大的吸引力，较为容易得到资本的加持。

显然，对智能汽车潜在市场转化为现实市场的有利因素，仅在 AI 技术的进步使得产品性能指标达到用户预期以后，其积极作用才能够释放出来。综合起来判断，站在 2023 年这个时点，L4 及以上级别智能汽车潜在市场转化为现实市场，实现大规模商业化，乐观的估计还需要 5 年左右的时间，但最迟不超过 10 年。

5～10 年的周期，结合智能驾驶系统数据的黑洞效应、网络效应、规模收益递增等力量的作用而形成极少数寡头控制市场的格局，那些参与智能驾驶系统研发的企业需要谨慎评估自身拥有的资源能力，能否成为最终的全球范围内的少数几个赢家。

从全球范围来看，在 L4 级别智能汽车导入市场的早中期阶段，即导入期和高速成长期，智能驾驶系统市场将是一个较为混乱的竞争格局，有几十家企业竞争。经过优胜劣汰，当市场进入成熟期以后，全球市场有 2～4 家企业可以生存，其中前两家占据 80% 以上的市场份额。

⊕ 周期、窗口期与企业战略选择

看清产业终局，根据自身的资源和雄心，确定在未来产业终局中的定位以后，能否达成目标的关键在于过程控制，在于对步调和节奏的把握。在颠覆性创新产业发展过程中，有两个非常关键的决策问题：第一个问题是"提早布局"的"早"，"早"在何时才是最佳的时机？"顺势而为"的"势"，到底如何把握？第二个问题是，如果你定位于颠覆性创新产业的领先者，当技术开发达到一定阶段，在产品开发战略方面，你是选择瀑布战略，还是火箭战略？

怎样才能把握好"提早布局，顺势而为"

窗口期意味着在颠覆性创新产业生命周期的不同阶段，产业发展的关键要求与参与竞争公司的特定能力、战略定位之间的契合仅在有限的时期内处于最佳状态，对这一产业的投资应与此种战略窗口开放的时期相吻合。这意味着拥有不同的资源能力的企业、在未来产业格局中战略定位不同的企业（比如定位于领先者的企业与定位于追随者的企业），战略窗口期是不同的。

自身资源能力强大并致力于掌控核心技术，成为产业领导者的企业的战略窗口期，与费尔南多·苏亚雷斯等（Fernando F. Suarez et al., 2015）界定的战略窗口期一致："窗口开于主导类别的出现，闭于主导设计的形成。"需要强调的是，在窗口期进入产业的企业在技术开发过程中，绝对不能闭门造车，夜郎自大。在集中资源进行技术开发的同时，必须持续地、广泛地收集外部情报，在每个关键节点都需要审慎地评估：我选择的技术路线是主导设计吗？哪种技术模式最可能成为主导设计？主导设计何时会形成？当无法准确判断哪种技术模式最可能成为主导设计时，保持合适的战略自由度，在专注性（赌一条路线）和灵活性（开发多条路线）之间找到合适的平衡，是非常重要的。

　　资源能力相对有限，并不谋求掌控核心技术与领先地位，宁愿选择追随战略的企业，其战略窗口期是主导设计接近形成，产业将从技术开发竞争转为量产阶段的成本、质量、差异化竞争的阶段。换言之，产品基本度过市场导入期，市场需求和产品架构得到确认，开始向高速成长转换的阶段。所谓"提早布局"，就是在主导设计初步形成时，迅速布局相关的资源能力，设计与掌控核心技术企业的最佳合作模式，将自身的资源能力与领先者的资源能力加以整合，当市场需求快速增长时，实现快速增长。顺应需求的快速增长就是所谓的"顺势""借势"，就可能站在"风口"。

火箭战略还是瀑布战略

　　当颠覆性创新技术出现，关键技术研发达到一定阶段后，决策者需要做出的另一个关键决策是选择火箭战略：先做一个功能相对简单、相对便宜的产品，然后让它变得越来越强，越来越好？还是选择瀑布战略：做一个功能完善的好产品，然后让它变得越来越便宜？

这个选择题的答案并非显而易见。在智能汽车领域，全球领先的大型科技公司，如谷歌、苹果、百度等，均选择瀑布战略，自上而下，直奔 L4 及以上级别进行研发、测试，并考虑自己运营 AI 汽车。多数传统车企、中小科技公司则采用火箭战略，自 L1 级别开始，逐渐升级。从实践结果看，火箭战略是正确的选择。为什么？

智能汽车的核心技术 AI 驾驶系统，复杂性、新颖性高，成熟性低，研发过程难度大、风险高、周期长，很难一步到位。云端、路端配套的辅助设施投资规模较大，周期较长。智能汽车关乎安全，包括用户、行人、其他车辆的安全，甚至社会的安全、国家的安全，产品准入需要进行大量的试验和测试，而且过往没有相关的产品准入政策可供参考，制定准入政策和监管政策需要在干中学。所有这些因素综合在一起，意味着主导设计形成之前的周期较长，技术开发也是一个渐进的升级过程。在这种情况下，自下而上的火箭战略就是更好的选择。相反的情形，如智能手机导入市场，对某些公司来说，瀑布战略也是一种合适的选择。

⊕ 本章小结

　　本章将创业者为某一创新性技术及其对应的市场所吸引，开始将该创新性技术按照市场需求进行进一步研发，以谋求将产品投放市场，获取利润，作为度量转化周期的起点；将产品过了导入期，开始步入高速成长阶段这一转折点作为终点；将二者之间的时间差定义为潜在市场向现实市场转化的周期。然后构建一个影响潜在市场转化为现实市场的概念模型，从产品的技术特征，包括技术的复杂性、引领性、新颖性、成熟性等；产品的功能特征，产品功能 / 性能的优势度、集成度、简化度；用户理解和认知产品的价值的难度；用户更新产品的频率与成本；以及政府的准入政策、产业政策，颠覆性创新技术对资本的吸引力等因素，对影响潜在市场转化为现实市场的因素进行了分析。得出的基本判断是，特斯拉现在采用的端到端的摄像头视觉感知 + 神经网络模型的技术模式，极有可能是智能驾驶技术的主导设计。站在 2023 年这个时点，L4 及以上级别智能汽车潜在市场转化为现实市场，实现大规模的商业化，乐观的估计需要 5 年左右的时间，但最迟不超过 10 年。5～10 年的周期，结合智能驾驶系统数据的黑洞效应、网络效应、规模收益递增等力量的作用，未来的智能驾驶系统市场很可能形成 2～4 家寡头控制的格局。

本章还讨论了与过程管理相关的问题，建议那些致力于掌控核心技术，成为产业领导者的企业，在主导类别出现之后，主导设计形成之前的窗口期进入产业。在集中资源进行技术开发的同时，持续地、广泛地收集外部情报，审慎评估企业选择的技术路线是否为主导设计。选择追随战略的企业，在主导设计基本形成，产品基本度过市场导入期，开始向高速成长阶段转换时，是进入产业的最佳窗口期。在技术复杂性、新颖性非常高，成熟性比较低，研发过程难度大、风险高、周期长，很难一步到位，产品准入需要经过复杂的测试、验证的领域，建议采用火箭战略，做一个功能相对简单、相对便宜的产品，让它变得越来越好；在其他情况下，根据公司的战略定位，可以考虑瀑布战略：先做一个功能完善的好产品，然后让它越来越便宜。

07

第 7 章

**终局思维视角下的智能汽车产业格局
与各方战略**

未来十年，将是全球汽车制造业格局全面重构的十年。老牌的在位者千方百计维持在产业中的领导地位；新兴的挑战者则虎视眈眈，力图在产业格局巨变过程中崛起。在此阶段，从上游供应链到智能汽车制造，再到下游汽车运营，每个细分领域都存在巨大的机遇和风险。这对决策者的战略决断力、战略定力提出了重大考验。

致力于研发智能驾驶系统，占据战略制高点的科技公司需要评估，自身拥有的 AI 技术的底蕴和资源能力，能否支撑自己成为残酷淘汰赛后极少数的几个赢家；坚守这一赛道的企业，则要理性评估自身的技术路线能否成为主导设计。科技公司需要重构与传统车企的合作模式，力争开发出功能强大的 L3 级别汽车，实现大规模销售从而获得大量长尾数据，做到大量有效数据与模型训练之间的无缝衔接，推动主导设计的定型。

传统车企需要认识到，AI 技术进步速度极快，汽车实现高阶自动化势在必行，而智能化须以电动化为前提。燃油技术仅可作为收获现金流以支撑转型的过渡性资产。在有限的窗口期内，既要实现组织基因和管理逻辑的重构，又要开发出国际一流的 AI 驾驶系统，对绝大多数传统车企而言都是一种可望而不可即的奢望。定位于高效、专业的品牌智能汽车制造商＋运营商，利用现在在产业结构中的有利地位换取未来的有利地位，把智能汽车作为平台，实现收入来源的多元化，是传统车企理性的选择。"既要……又要……"最可能的结果是"既得不到……又得不到……"。

在全球范围内，真正能够推动车路协同技术路线的国家只有中国。车路协同路线仅当单车智能实现的周期漫长，车路协同是实现高阶智能必不可少的一个过渡阶段时，才具有重大价值。但这个过渡过程即便存在，周期也非常短。中国的技术路线与其他国家的技术路线差异过大，对中国企业的国际化将产生巨大的制约。

智能汽车制造业是典型的全球性竞争产业。定位于全球市场并获得成功的企业比仅定位于国内市场的企业具有显著的竞争优势。全球汽车工业格局的调整，为中国车企全球化创造了百年难遇的不容错过的机遇。但在逆全球化的时代实现全球化，对中国车企来说殊为不易。

实现全球化，应强化市场而非政府的力量，坚持公平对等的原则，实现合作共赢，切实将汽车打造成绿色、低碳、安全、舒适、高效的智能移动空间，造福于人类可持续发展。对于中国车企来说，面对全球竞争，强势崛起，只能加速脱钩，从而不得不走向半封闭，不得不走向内循环。

本章对全书的内容做一个总结，为中国车企的决策者和汽车产业政策的制定者在全球汽车制造业大变局时代的战略制定提供相应的建议。

⊕ 终局洞察方法与智能汽车产业未来格局：总体结论

我们处在一个颠覆性创新频出的伟大时代。面对颠覆性创新的冲击，在位者制定战略时常常沿用基于初始条件分析的战略制定方法，而挑战者则多把洞察产业终局作为战略制定的起点和重点。

当某一创新性产业经过导入期和高速成长期，达到相对稳定、成熟阶段时的产业格局，即为产业终局。要较为全面、清楚地刻画产业终局的状态，需要洞察产业达到成熟阶段的产业规模、产业竞争格局、产业利润空间及其稳定性、主导设计和主流的商业模式等关键指标，还需要关注在未来的产业格局中，在位者与挑战者谁将胜出或者谁将占据主导地位。产业规模，代表蛋糕有多大；利润空间，则反映蛋糕上奶油的厚度；产业竞争格局，即生产商的数量，反映有多少企业来争夺蛋糕；主流的商业模式则反映这些厂商在争夺蛋糕时的打法；谁将在未来的格局中占据主导地位，反映在蛋糕争夺过程中，谁能够分得奶油最厚的部分；主导技术范式的形成，则意味着产业发展从技术开发竞争转为规模化生产阶段，竞争的焦点从技术开发阶段研发能力的竞争转为制造阶段质量、成本及差异化的竞争。

当颠覆性创新出现，商业机会不仅分布于创新性产品制造环节，而且分布于上游供应链体系及下游用户服务、运营体系中。因此，洞察终局，还需要关注由产品技术结构决定的上游供应链生态与结构，以及由产品技术结构与功能结构决定的下游应用生态与结构。把握产业机会的关键，并不仅仅在于能否有效地整合资源，选择合适的商业模式，成功地挤进产品制造商的行列，还在于能否在上游供应链体系、下游应用生态体系中发现新的机会，并选择合适的定位。

产业终局的形成既遵循由产品技术结构、功能结构及产业经济特征决定的内在演进规律，又是在位者与挑战者在政府、资本等力量加持下相互博弈的结果。博弈主要影响走向终局的过程，也影响产业竞争格局的形态和构成——谁将胜出。

为探寻洞察产业终局的方法，本书首先回顾了态度理论、参考群体理论、社会互动理论、决策参照点理论、战略参照点理论等文献，发现无论是个人的自我认知、投资决策，还是企业的战略决策，选择特定的对象进行参照，都是一种普遍采用且行之有效的方法。

颠覆性创新并非无源之水，无本之木。布莱恩·阿瑟认为："技术是由其他技术构成的，技术产生于其他技术的组合"，杰夫·戴尔等认为，"联系能力是一种可以让你跨越知识领域、产业乃至地域，并将它们联系在一起进行思考的能力"，或者是从其他（产业）创新实践中借鉴的结果。因此，研究颠覆性创新产品技术的构成，可为参照产业的选择提供方向。

事实上，产业实践中的决策者，在洞察未来时也广泛地采用参照的方法，只不过参照对象的选择各不相同。拥有悠久历史、深厚底蕴、经历了无数次技术变革洗礼的在位者，面对颠覆性技术的冲击，在洞察终局时习惯于纵向参照：从产业的历史、现实，结合技术变化趋势来推断未来。挑战者则常常选择那些技术结构类似的先行创新产业，进行横向参照：根据先行创新产业的格局来推断颠覆性创新产业的未来。

基于理论回顾和产业实践观察，本书构建了一个将纵向参照与横向参照相结合的产业终局洞察模型，从产品和产业两个层次，将颠覆性创新产业与最佳替代产业、最佳参照产业的技术结构、功能结构，以及产业经济特征进行识别描述、比较参照，从而形成对颠覆性创新产业终局的判断。

从方法和过程角度，运用产业参照方法洞察产业终局包括三个关键步骤：

首先，寻找最佳替代产业。所谓最佳替代产业，是指当某种潜在颠覆性创新出现时，技术结构、功能结构与创新性产品相似，可能受到直接冲击或受影响最大的产业。智能汽车的最佳替代产业毫无疑问就是传统汽车制造业。

其次，寻找最佳参照产业。所谓最佳参照产业，是指产品在技术结构、功能结构上与颠覆性创新产品相似，在创新的时间进程方面具有领先性，且产业总体格局基本清晰的产业。本书选择智能手机产业作为智能汽车产业的最佳参照产业。

找到最佳替代产业、最佳参照产业后，分别描述其产业规模、竞争格局、利润空间、主导设计、主流的商业模式、产业供应链生态及结构、产业运营服务体系及结构等指标。最佳替代产业——传统汽车业、最佳参照产业——智能手机产业的基本格局均为客观现实，只需收集全面、准确的数据，就可以清楚、明确地加以描绘。将最佳替代产业、最佳参照产业的格局描述清楚，洞察颠覆性创新产业终局时，就有了参照的基准。

最后，描述颠覆性创新产业的技术特征和经济特征，识别颠覆性创新产业与最佳替代产业、最佳参照产业的异同，对未来的产业规模、竞争格局、利润空间、主导设计、主流的商业模式、产业供应链及结构、产业运营服务体系及结构等指标进行判断。

以技术结构、功能结构具有相似性，且创新方面具有先行性的最佳参照产业为参照对象，有助于看清变化的方向。以总体格局清晰明确的最佳替代产业作为参照基准，有助于看清变化的内容、范围和幅度。将二者结合起来，便可对智能汽车产业终局做出基本判断。

本书分别描述了传统汽车制造业、智能手机制造业的产业规模、产业集中度、利润空间、主导设计、主流的商业模式等指标，仔细识别了智能汽车与传统汽车、智能手机产业在技术结构与功能结构、经济特征方面的异同，在此基础上对智能汽车的终局做如下判断：

1.产业规模。从产品销量增速和产业营收总量两个维度对智能汽车产业达到成熟阶段的规模进行预判。

随着经济增长、成本下降，全球对智能汽车的需求量一定会增长。智能硬件极快的技术进步与汽车利用率提高两个因素结合，将使汽车更新频率提高。因此，成熟阶段的智能汽车的产量一定会显著高于目前传统汽车的产量。

但智能汽车的功能结构将影响智能汽车需求量的增速。自动驾驶实现之后，个人拥有的汽车可能用于出租；出租车供给增加且不需要司机，使用出租车的成本相对下降，便捷性显著提高，加上共享产权意识进一步增强，中低收入者拥有汽车的欲望可能降低。

综合这些因素，假设其他条件不变，相对于传统汽车需求量的自然增长速度，智能汽车需求量的相对增长速度将会略低于传统汽车。

智能化改变了汽车的技术结构、功能结构，进而影响产业的内涵和边界，制造与运营的一体化程度将会明显提高。这会重构车企的收入来源与现金流结构，从而使以收入来度量的产业规模将会倍增。未来部分智能车企的收入来源与现金流结构将会变为：

（1）硬件销售收入。包括汽车及关联产品销售。可以预期，智能汽车的更新频率会提高。

（2）软件服务收入。因为智能化服务的部分功能与智能手机重叠，所以如果不考虑未来涌现的新功能，再加上汽车硬件的价格远高于手机，这部分收入在车企收入中的占比会低于智能手机厂商软件服务收入在总收入中的占比。

（3）运营服务收入。不仅前向垂直整合的制造企业会提供智能汽车运营服务，而且专业运营服务平台如滴滴、优步也可能后向一体化到整车制造。这两类车企的运营收入都将统计到智能汽车产业的营收中，并在车企收入中占据很重要的比例。

这三项收入的总和，再加上未来可能涌现的新功能带来的收入增加，使得智能汽车产业的总规模将远高于目前传统汽车的水平，至少两倍于目前的规模。

2. 产业竞争格局。由于全球智能汽车产业的规模太大了，不可能像智能手机产业那样，前 5 家企业占据 70% 以上的市场，苹果一家企业攫取产业利润的 80% 左右。智能汽车产业可以容纳的企业数量不仅将显著多于智能手机产业，而且将多于传统汽车产业。

智能汽车硬件技术进步速度快；汽车制造既有产品生产端的规模经济性，又有软件用户端的规模经济性；数据的黑洞效应非常显著；汽车和操作系统平台具有一定的网络效应；事关安全，客户对品牌声誉极为关注。这些因素使得掌控核心软硬件的前两家企业集团将会在全球市场上居于绝对的领导地位，其市场份额可能接近 50%。还有 5 家左右的企业集团面向全球市场，将在全球市场上竞争 30% 左右的份额。另外将有数十家以上的全产业链资源整合型企业争夺最后 20% 的市场。

智能驾驶系统的产业集中度将会与智能手机操作系统产业类似，前两家企业将占 80% 以上的份额。当然，在智能汽车导入期和高速成长阶段，产业将处于相对分散的状态。随着激烈竞争，优胜劣汰，产业将趋于集中，最后达到相对稳定的格局。

汽车运营行业的格局将随着智能化的提高而发生重大变化。由于制造与运营的一体化，汽车运营行业高度分散的格局将会被打破，产业集中度将会显著提升。

3. 主流的商业模式。智能汽车的技术结构、功能结构与智能手机更为一致，智能软硬件系统对商业模式的影响和决定性作用更大。另外，智能汽车的安全责任将在主机制造商、自动驾驶系统提供商、汽车运营商（者）及其他交通相关方之间分配，其中主机制造商很可能是安全责任的主要承担者。基于责任承担的考虑，制造商前向一体化，直接运营汽车，或者运营商后向垂直一体化，参与制造汽车，将成为重要趋势。参照智能手机产业主流的商业模式，结合汽车制造业的特点，可以推断智能汽车产业未来主流的商业模式如下：

- 掌控核心软件（智能驾驶系统）和关键硬件（重要芯片、关键传感器等）的整车制造与运营型。数量极少，极可能只有 1~2 家。这类企业很可能将价值链向前延伸，进入汽车运营领域。

- 独立的核心软件（操作系统 + 智能驾驶系统）提供型。产业达到成熟阶段，独立的操作系统 + 智能驾驶系统提供商不会超过 2 家。

- 掌控上游关键部件或模块的整机制造及运营服务提供型。这类企业掌控关键部件或模块，如电池（包括氢能源电池）动力系统、部分芯片或者感知设备等，将产业链向前延伸至整机制造及运营服务。有些类似于三星在智能手机产业中的模式。

- 掌控流量（车辆运营和用户需求）的后向垂直整合型。源自汽车运营方（如优步、滴滴、大型物流公司等）的后向一体化。

- 专注于设计（ODM）与制造（OEM）的专业制造型。类似于富士康。这类企业可能是传统车企转型而来，也可能是目前代工厂业务范围延展而来。

- 专业化的全产业链资源整合型。这类企业的技术控制能力和用户控制能力都相对薄弱，因此很难建立产业壁垒。它们从核心软件提供商那里获得自动驾驶系统，完成整车制造，构建自己的品牌和销售服务网络，并参与汽车运营服务。

4.主导设计。主导设计无法通过参照的方法来识别，只能通过比较哪种技术模式能够解决颠覆性创新产品导入市场的关键挑战以及生态系统的综合能力来判断。

特斯拉推出的第一个端到端 AI 自动驾驶系统 FSD Beta V12 采用自主学习的生成式大数据 AI，不再基于规则驱动，而是基于数据驱动。通过 L2、L3 级别汽车获得的真实驾驶事件的数十万个视频帧来训练其神经网络，使其能够自主学习、自主决策，而不是像以前的版本那样使用数万行代码。这使得代码减少、模型简化，对芯片性能的要求相对较低，从而能够在本地运行的情况下有效处理相关问题，更重要的是，使得困扰 AI 驾驶系统的"AI 算法、长尾数据、安全法规不可能三角困境"能够在一定范围内得到解决。

特斯拉的智能驾驶系统研发与车辆制造一体化，可以实现有效数据获取与模型训练优化的无缝衔接，而且特斯拉采用专利公开、代码开源的生态战略，愿意分享产业发展的果实而不谋求独占市场。因此，只要其技术模式能够有效解决智能驾驶的关键问题，很容易得到客户认可和其他伙伴的支持。

特斯拉现在采用的摄像头视觉感知＋神经网络模型的技术模式，最有可能成为智能驾驶的主导设计。未来经过两年左右的进一步改进，很可能实现智能驾驶的安全保障。

智能汽车的核心技术 AI 驾驶系统，复杂性、新颖性非常高，成熟性比较低，研发过程周期较长，很难一步到位。配套的辅助设施，包括路端、云端需要的辅助设施投资规模较大，周期较长。智能驾驶汽车关乎安全，包括用户、行人、其他车辆的安全，甚至社会的安全、国家的安全，产品准入需要进行大量的试验和测试，而且过往没有相关的产品准入政策可供参考，制定相应的准入政策和管理政策需要在干中学。所有这些因素综合在一起，意味着主导设计形成之前的周期较长，技术开发也是一个渐进的逐步提升的过程。在这种情况下，自下而上的火箭战略，就是更好的选择。相反的情形，如智能手机导入市场，对某些公司来说，瀑布战略也是一种合适的选择。

作为在位者的传统车企与作为挑战者的科技公司在资本和政府力量加持下的博弈，最终谁更可能胜出？起步阶段，传统车企占据明显有利的地位。科技公司相对分散，而传统车企相对集中，科技公司的智能软件必须装载在传统车企的汽车上才能够导入市场，再加上资源能力方面的明显优势，传统车企有了发展自己可以掌控的"灵魂"的底气。

但是，传统车企发展智能驾驶系统，不仅投资成本高昂，而且智能软件业务与传统机械制造业务的组织基因差异极大，奉行完全不同的管理逻辑：

- 固定资本密集 vs. 人力资本密集。
- 供应商关系、供应链管理 vs. 知识资产的快速形成、积累和迭代。
- 过程可观察的流水线生产方式 vs. 过程不可观察的脑力创造过程。
- 机械式组织 vs. 有机式组织。
- 产品中心模式 vs. 服务中心模式。
- 硬件生产端的规模经济性 vs. 软件用户端的规模经济性。

显然，传统整车集成业务的组织基因、管理逻辑与智能软件业务差别巨大，使得两种业务管理决策所需的知识基础，人员管控模式和激励政策，组织架构与组织文化等，均存在重要的不同。将这两类业务整合在一起，历史悠久、地位崇高的传统业务部门依然是公司现金流的主要来源，但受到电动车的冲击，收入趋于下降；新建立的智能软件部门则是公司主要花钱却短期内无法产生明显回报的部门，而且新部门人员的薪酬待遇又明显高于传统部门。在这种情况下，新老业务之间的冲突，包括资源竞争、权力冲突在所难免。平衡好新旧部门之间的关系，使其协同运作，需要付出极高的管理和协调成本。这一挑战被绝大多数传统车企的决策者严重低估了。

主导设计初步形成后，智能汽车潜在市场转化为现实市场在 5 年左右。传统车企没有太多的时间培育智能驾驶系统业务所需的核心资源与能力，而且主导设计一旦形成，将加速传统汽车业务的萎缩，导致传统车企的现金流承压，很难支撑电动化、智能化的双重转型。这将是全世界所有传统车企共同面临的挑战，这也意味着全球汽车产业格局将面临重大的调整与重构的过程。

汽车制造业一直被视为全球第一大产业。这个诱惑力无限的产业格局在全球范围内的重构，必将给许多企业带来巨大的机遇，也会给许多企业带来重大的挑战。

面对这个大变局时代，汽车产业生态中的每个企业，不仅需要洞察全球智能汽车产业的终局，更需要洞察本企业所在的具体业务领域的终局，包括对产业规模、竞争格局、利润空间、主导设计、主流的商业模式等进行预判，然后审视自身与对手拥有的资源能力，在理想雄心和现实可能之间寻找一个最佳的平衡点，以决断本企业在未来产业终局中的定位；然后谨慎选择达成目标的路径，在资源能力方面提早布局，在步调节奏方面顺势而为。

下面对中国汽车制造业的主要参与方在全球汽车制造业格局重构过程中的策略选择提供一些建议。

⊕ 大变局时代智能汽车产业参与方的定位与选择

谁有机会占据自动驾驶系统这一战略制高点

面对全球汽车工业格局的大调整，占据智能驾驶系统这一战略制高点，对中国汽车制造业的发展极其关键。站在全球竞争格局的视角，如果中国最终有两家智能驾驶系统提供商能够胜出，对中国智能汽车产业的发展将极为有利：一是掌控智能驾驶系统和部分关键硬件，并进行垂直整合，类似于特斯拉的制造商；二是为众多智能汽车制造商提供自动驾驶系统但自己并不造车的 AI 科技公司。这两条路线比拼、竞赛，不仅可以相互促进，而且都可能找到各自的发展空间。

首先，那些致力于研发智能驾驶系统的科技公司和新势力公司需要重新评估：自身拥有的 AI 技术底蕴和其他资源能力，是否可以支撑自己成为智能驾驶系统残酷淘汰赛中最后少数几个赢家。现阶段全球有数百家企业参与智能驾驶系统竞争，经过优胜劣汰，到产业成熟阶段，全球市场上最终很可能仅有 2～4 家企业可以生存，而真正持续盈利的可能只有 2 家。企业需要谨慎评估，自己是否具备最终胜出的条件，并做出理性的选择。这一领域投机者是无法找到发展空间的。

其次，那些坚持在这一赛道竞争的企业，要组织力量客观、理性地评估公司现在选择的技术路线能否成为主导设计，是否会困在"不可能三角"里。如果特斯拉选择的端到端的摄像头视觉感知＋神经网络模型的技术路线是主导设计，那么本企业转到主导技术路线上，周期有多长、成本有多高、转型后是否还有一定的竞争优势。

最后，重构与传统车企的合作模式，实现有效数据与模型训练之间的无缝衔接。智能驾驶系统研发商与汽车制造商之间必须有效合作，开发出功能强大的 L3 级别的汽车，成功投放市场，实现大规模的销售；进而尽可能多地采集长尾数据；再运用这些数据对模型进行训练，改善模型；促进车辆的销售，实现正循环。

在智能汽车主导设计形成的关键阶段，选择正确的技术模式，获取有效的长尾数据，使得自动驾驶系统得以快速进化，是最终胜出的关键。盈利，绝非此阶段战略的重点。放弃一部分眼前利益，如果能够赢得未来，无论如何都是战略上的重大成功。

智能驾驶系统研发的参与者需要意识到，主导设计一旦初步形成，产业竞争的焦点 / 重点将转换：从技术开发竞争转向量产阶段的规模、质量、安全、差异化等领域的竞争。留给中国企业的时间不多了。如果不能尽快在主导的技术模式方面创造出竞争优势，未来的机会将会变得极为渺茫。

传统车企：有舍，方能有得

面对电动化、智能化的大趋势，传统车企总体而言是被动的，基本上是被市场力量推着走，而不是转型的引领者，甚至现在还有一些决策者在电动路线还是燃油路线、掌控"灵魂"还是强健"躯体"等选择之间徘徊不定，犹豫不决。对这些企业的建议如下：

换道电动路线还是坚持燃油路线？ AI 技术进步速度极快，汽车实现高阶自动化势在必行。智能化必须以电动化为前提。因此，在燃油路线还是电动路线之间徘徊不定的传统车企不能再犹豫不决了。智能汽车在功能方面的巨大优势，使得一旦其关键性能指标达到客户预期及准入标准，将使所有在电动车和燃油车之间徘徊不定的客户立即果断而又坚定地转向智能车。传统的燃油技术和关键部件制造能力，只能是在转型阶段收获现金流的过渡性资产，或者能够为这些技术找到新的应用空间，以便找到新的转型方向。

拥有自己的"灵魂"还是掌控强健的"躯体"？令传统车企决策者纠结的另一个问题是：面对智能化，是研发自己的智能驾驶系统，掌控自己的灵魂，还是专注于制造整车，与科技公司合作获得智能驾驶系统？纠结的结果，就是两条腿走路，既建立自己的研发队伍，进行智能驾驶系统的研发，又与科技公司合作以解燃眉之急。

传统车企需要明确的是，智能操作系统和智能驾驶系统，其主导设计一旦形成，先动者的优势一旦奠定，很大程度上意味着窗口期结束。传统车企，无论是资源禀赋还是组织基因，特别是传统车企的决策机制、业绩评估、激励政策等制度安排等管理逻辑，与智能驾驶系统研发的管理逻辑差异太大。在巨大的时间压力和竞争压力之下，最有可能的结果是：耗费巨额资源开发的智能驾驶系统难以达到安全标准，或者与领先者无法匹敌而不得不放弃，而电动化、智能化时代的制造、营销及品牌塑造能力又没有提高到极致。鱼与熊掌都要，必然导致不断递减的资源进一步分散配置，最后可能是什么都得不到。

把智能汽车作为平台。在智能化时代，几乎所有车企都需要拥有一定的软件能力，但大多数车企的软件能力，是在智能驾驶操作系统基础上，进行个性化应用开发，选择搭载的应用程序，获得互联网应用的收益。换言之，学习小米在手机业务上的操作，将智能汽车作为一个平台，通过互联网与客户进行互动，加强对智能化时代用户需求的理解，并通过互联网为客户提供增值服务，获得收益。

定位于高效、专业的品牌智能汽车制造商 + 运营商。传统车企应专注于电动化，提高效率，将供应链管理、精益制造、成本与质量控制能力等竞争优势发挥到极致；同时，提升自己的品牌运作能力，保有自己的品牌。

　　制造能力强、效率高、交付及时，但缺乏智能化时代品牌塑造、渠道掌控能力的传统车企的次优选择，就是成为专业的代工厂，这并不是丢脸的事情。虽然制造处在微笑曲线的中间，但制造确实是许多中国企业的强项。

　　转型较慢、战略方面摇摆不定的部分传统车企、新势力公司，或者在错误的战略路线上做了大规模投资的公司，最终退出历史舞台，在大变局时代也是非常正常的现象。

　　收购廉价的传统汽车制造企业的生产线，整合衰退的传统汽车工业，寄希望于燃油车还有很长的生命周期，传统汽车市场规模将会非常缓慢地缩小，是不现实的。传统燃油车市场虽然在相当长一段时间内存在，但智能化以后，这个市场规模将会迅速缩小至类似于"古董市场"的水平。

　　利用现在的有利地位换取未来的有利地位。传统车企在产业结构中居于有利地位，如果继续沿用两条腿走路且以自我为中心的策略，那么传统车企的智能驾驶系统很难取得重大进展，科技公司也很难有大的作为。显然这是双输的局面，也会导致中国汽车制造业在智能化时代处于不利地位。

　　传统车企应利用在产业结构中的有利地位，选择潜在智能驾驶系统研发方面居于领先地位的科技公司谈判，设计合作共赢的机制。通过积极与科技公司合作创新，推出符合市场需求的产品，大批量销售以获得长尾数据，实现长尾数据与模型优化之间的无缝衔接，支持科技公司智能驾驶系统的改进，来换取未来合作过程中的有利地位，提高智能化时代的竞争力。

中国车企需要站在全球汽车制造业格局重构的大背景下，考虑企业在大变局时代的战略利益。目光要放远，站位要高。不能仅仅站在眼前利益、局部利益的角度考虑合作战略的制定。

新势力、供应链企业同样需要谨慎定位

相对于传统车企来说，新势力车企在电动化起步阶段创立，本身就是电动化的推动者和受益者，无须进行电动化转型，在辅助驾驶系统的研发、供应链生态体系建设、电动车品牌塑造和渠道建设、对客户需求的理解等方面，均比传统车企先行一步，组织基因与电动化时代非常契合。

但是，只有极少数新势力企业有可能在自动驾驶系统市场的竞争中取得一定的成功。多数新势力企业应选择与传统车企类似的战略定位：成为高效/专业的品牌智能汽车制造

商 + 运营商。如何与其他主机厂区隔开来，避免同质化竞争，是战略的焦点。

智能汽车上游供应链上的企业，要特别关注到底哪种技术模式是主导设计。在主导设计形成之前，仅仅与特定技术模式密切关联的大规模投资需要谨慎决策。一旦在错误的技术模式上进行了大量的投资，可能形成不良资产。如果特斯拉的摄像头感知技术路线成为主导设计，那么在激光雷达、毫米波雷达等领域的投资，如果找不到新的应用场景，就可能形成产能的闲置。

主导设计与战略窗口期

虽然主导设计并不一定是唯一的，但是，如果特斯拉现在的 FSD 系统是主导设计，意味着特斯拉完全可以利用网络效应、规模收益递增、数据的黑洞效应创造巨大的先动者优势，留给中国智能驾驶系统研发企业的战略窗口期就非常短了。技术开发的周期最多只有两年。两年内，中国车企必须研发出基本可与特斯拉匹敌的智能驾驶系统。在特斯拉进行安全性测试两年左右的时间里，中国车企的 L4 级别的汽车也开始进行广泛的测试和数据采集。在特斯拉 L4 及以上级

别的汽车大规模上市时，中国企业的产品也基本达到大规模
上市的条件。

车路协同路线应谨慎推进

在单车智能和车路协同两条路线共同需要的基础设施方
面进行投资，否则，在错误的技术路线上的投资越多，未来
蒙受的损失越大。中国政府推荐车路协同路线，需要在路
端、云端做规模较大的投资。目前经济增速放缓，政府财力
缩减，投资能力受限。如果依靠社会资本进行相关的公共
产品投资，则需要进行相应的制度创新。能否做出相关的
创新，创新机制能否得到各利益相关方的认同，尚需时间验
证。特斯拉的技术路线如果能够成为主导设计，那么单车智
能即可处理复杂的场景，实现基本的安全保障。车路协同设
计就可以大大简化，需要的投资规模将大大减小。

另外，在全球范围内，真正能够推动车路协同技术路线
的国家是非常有限的，因为市场经济国家的政府很难筹措到
车路协同所需的投资。中国的技术路线与主流国家的技术路
线差异过大，对中国企业的国际化将产生巨大的制约。

车路协同技术路线只有在单车智能实现的周期非常漫

长，车路协同是实现单车智能必不可少的一个过渡阶段，才是有重大意义和价值的。但从目前看，这个过渡过程即便存在，周期也是非常短的，一旦中国企业依赖车路协同能够实现高阶智能驾驶，可能会降低其在单车智能方面的研发动力，从而使中国车企在未来的全球市场竞争中处于不利地位。

在逆全球化的时代实现全球化

智能汽车制造业整车生产端、智能驾驶软件客户端，以及研发和营销及品牌塑造等方面，均存在极其显著的规模收益递增，是典型的全球性竞争产业。定位于全球市场并获得成功的企业比仅定位于国内市场的企业具有显著的竞争优势。换言之，一个汽车制造企业即便不谋求国际化，其在国内市场的地位也会受到其全球竞争地位的影响。全球汽车工业格局的调整，为中国企业全球化创造了百年难遇的不容错过的机遇。

在电动车市场，中国已经建立起明显的先动者优势。一旦中国在智能汽车领域先行落地，并形成巨大的市场规模，产业供应链生态和应用生态率先形成，就会形成巨大的战略势能。全球市场扩张时，中国就能够占据有利地位。

但是，在逆全球化的时代实现全球化[①]，对中国车企来说是一项重大的挑战。

最近这些年，全球治理体系受到了巨大的冲击，国际经贸关系协调的机制和准则也受到了不同程度的破坏，对利益的关切而非对规则的遵守在全球经贸合作过程中越来越起到主导的作用。中国与世界主要经济体在意识形态方面的冲突、经济利益方面的矛盾、情绪情感方面的对立在不断加剧。所谓"逆全球化"，在某种程度上就是西方国家制约中国企业的国际化、全球化。中国车企要利用全球汽车产业格局重构的时机实现全球化，最重要的就是在西方主流国家市场中占据重要的地位。

进入全球市场，中国车企决不能因为在电动化的转型过程中拥有了先动者优势，就有了居高临下的优越感。强势崛起，只能加速脱钩，从而不得不走向半封闭，不得不走向内循环。汽车工业全球化，必须树立绿色环保、合作共赢的理念，并切实贯彻到国际化战略制定和实施的过程中。

第一，切切实实将汽车打造成绿色、低碳、安全、舒

---

① 我访谈的投资人金伟华先生，反复谈到"如何在逆全球化的时代实现全球化"这一话题。本小节的内容深受金先生启发。

适、高效的智能移动空间，造福于人类可持续发展。中国车企要实现全球化，战略思考的站位、愿景使命的确定，就不能仅仅站在国家、民族的层次和视角。我们的企业要实现全球化，我们的智能汽车要风靡世界，我们的企业、我们的产品就需要为全球、为世界的可持续发展创造价值。这不能仅仅是口号，是噱头，而是发自内省认同，并体现在产品设计、制造、运行、维护的各个环节中。

第二，实现合作共赢，必须理解各方的利益诉求。未来十年，老牌汽车制造强国、老牌车企，都可能在全球汽车产业格局重构的过程中受到重大的冲击。理解老牌制造强国面对产业衰退、工人失业的巨大压力，对它们的"痛"感同身受，并能够通过企业投资的布局，供应链生态系统的布局，适当缓解它们的痛，是我们的产品顺利进入其市场的重要途径。

第三，公平、对等。我们期望中国车企在国际市场上得到公平对待，我们就需要公平对待每一家在中国市场经营的国际车企。我们以何种方式限制、打压国际车企，中国车企在国际化的过程中就会遭到同样甚至加倍的限制和打压。当然，我们公平地对待国际企业并不意味着中国车企在国际市场上必然会得到公平的对待，但我们不能公平地对待国际企业，那么中国车企在国际市场上一定不会得到公平的对待。

第四，遵守东道国法律法规、商业规则和风俗文化。全球化不是权宜之计，而是中国车企在电动化、智能化时代的长期战略。能够融入东道国的生态系统中，或者创造一个与东道国法律法规、风俗文化相融合的生态系统，润物细无声，在不知不觉中，自然而然地融入东道国的经济体系、民众的工作和生活之中，实现中国车企的全球化目标，是实现全球化的最高境界。声势浩大地打打杀杀、充满狼性地冲击当地的产业和市场，只能引起对立和反感。可能赢得眼前，但常常会失去长远。

第五，最后，非常重要的一点，致力于国际化的车企，需要全面研究地缘政治和国际关系，谨慎选择投资的国家和地区，尽力规避国际政治风险。

面对技术创新不断加速，颠覆性创新频出的挑战，本研究具有特殊重要的意义：

对在位者而言，有助于判断产业未来的演进方向，为公司战略定位提供支撑；通过将终局与现状进行比较，能够判断颠覆性技术对现有产业冲击和影响的途径、颠覆的范围和幅度，识别转型过程中面临的挑战与风险，并确定正确的转型路径。

对挑战者而言，创业者洞察终局的目的，是判断创业机会的价值和创业机会在产业生态系统中的分布，以决断自身的战略定位，明确战略方向和愿景，并在资源能力方面提早布局。

本研究的局限性在于：当先行创新性产业尚未形成时，寻找最佳参照产业存在困难。即便找到，参照产业能够提供的关于产业终局的信息或线索依然是有限的。如果能够对更多的产业进行分析，从而验证模型的可靠性，将会更有价值。

本研究是探索性的，希望能够吸引更多的研究人员加入到探索过程中，进而构建能够为产业实践者提供更为有效的产业终局洞察的工具和方法。

参考文献

1. Philip Evans. Strategy: The end of the endgame?. The Journal of Business Strategy, 2000, 21(6); ABI/INFORM Collection.

2. Festinger L. A theory of social comparison process. Human Relations, 1954, 7: 117-140.

3. Avi Fiegenbaum, Stuart Hart, Dan Schendel.Strategic reference point theory.Strategic Management Journal, 1996, 17(3): 219-235.

4. Lawrence Freedman. Strategy: a history. London: Oxford University Press, 2013: 559, 606, 611.

5. Robert K. Merton, Alice S. Rossi. Contributions to the theory of reference group behavior. in Robert K. Merton, editor, Social Theory and social structure. revised edition. Glencoe, Illinois: Free Press, 1957: 242.

6. Manski C F. Economic analysis of social interaction. Journal of Economic Perspectives, 2000, 14: 115-136.

7. Ouchi W G. A conceptual framework for the design of organizational control mechanisms. Management Science, 1979, 25 (9): 833-848.

8. Suarez F F, Grodal S, Gotsopoulos A. Perfect timing? dominant category, dominant design, and the window of the opportunity for firm entry. Strategic Management Journal, 2015, 36(3): 437-448.

9. Amos Tversky, Daniel Kahneman.Loss aversion in riskless choice: a reference-dependent model. The Quarterly Journal of Economics, 1991, 106(4): 1039-1061.

10. William J. Abernathy, James M. Utterback. Patterns of industrial innovation. Technology Review, 1978, 80: 40-47.

11. 布莱恩·阿瑟. 技术的本质. 杭州：浙江人民出版社，2018.

12. 何琳. 我国汽车企业外部技术整合发展路径及能力演化研究. 北京：北京交通大学，2013.

13. 杰夫·戴尔，赫尔·葛瑞格森，克莱顿·克里斯坦森. 创新者的基因：第 2 版. 北京：中信出版集团，2020.

14. 克莱顿·克里斯坦森. 创新者的窘境. 北京：中信出版社，2014.

15. N. R. 汉森. 发现的模式. 北京：中国国际广播出版社，1988.

16. 刘学. 战略：从思维到行动. 北京：北京大学出版社，2009.

17. 刘学. 战略决策是始于起点分析，还是终局洞察？. 哈佛商业评论，2021（7）.

18. 约翰·刘易斯·加迪斯. 论大战略. 北京：中信出版集团，2019.

19. 亨利·明茨伯格，等. 战略历程：穿越战略管理旷野的指南. 北京：机械工业出版社，2012.

20. 亚历山大·奥斯特瓦德，伊夫·皮尼厄. 商业模式新生代. 北京：机械工业出版社，2011.

后 记

大变局时代战略制定的"24字诀"：洞察终局，审视自我，决断定位，选择路径，提早布局，顺势而为。我在北大光华的 EMBA 课堂上已经讲了六七年了，每当和同学讨论这个话题时，同学总是提问："现在我们都看不清楚，还要谈洞察终局？怎么才能洞察终局？"对同学的问题，起初我用奥林·米勒的话来应对："如果一个人能够绝对地肯定一件事情，要么他无所不知，要么他一无所知。"我一直强调没有人能够绝对清楚地洞见未来，所有对终局的判断，都是一个假设。我们需要在假设的指导下采取行动；在行动中收集信息，修正或验证假设；再根据新的假设采取行动，逐渐趋于对终局的正确认识。

每当我这样回答同学的提问时，嘴上理直气壮，但心中始终有一种愧疚：在颠覆性创新频出的时代，作为学者，我有责任提出一种洞察产业终局的方法，来帮助决策者应对大变局时代的挑战。因此，从 2019 年春，我启动了对这一话题的研究与探索。在选择研究对象时，正值智能汽车产业兴起，关键参与者都迫切希望能够洞察未来格局，但谁也说不清楚，因此，我就将调研的重点放在了这一行业。

研究刚刚起步就碰上了新冠疫情，研究进程受到了极大的影响，但在下列机构和个人的大力支持下，研究工作得以进行。这里要对这些机构和个人表达特别的谢意。包括但不限于以下机构和个人：刘兴鹏，四维图新战略与发展部部长；车国兴，地平线生态发展部总经理；杨嵩，曾任宝沃汽车集团总裁，福特中国销售服务机构总裁，现任汽车之家副总裁兼主机厂事业部总经理；孙玉国，禾多科技董事长，四维图新创始人；袁宇，国汽智联公司副总经理、国汽智控董事长；王耀，中国汽车工业协会秘书长助理、技术部部长，兼任中国汽车动力电池产业创新联盟副秘书长、国际汽车制造商协会（OICA）自动驾驶工作组联合主席；张铁斌，一汽大众捷达品牌总经理；王翀，百度智能驾驶事业群 IDG 市场部总监；张昇，百度智能驾驶事业群 IDG 战略运营高级经理；任翰，百度智能驾驶事业群 IDG 市场部经理；毛海，曾任北京汽车股份有限公司（香港上市公司）副总经理、中国汽车零部件工业有限公司副董事长；金伟华，华登国际风险投资合伙人。

北大光华管理学院高层管理教育中心举办了一个非常有影响力的项目："未来汽车产业战略家"。参加这个项目的学员均为汽车制造业相关公司的高层管理人员、投资人等。我参加了招生过程中的多次面试，并借机提了很多与研究相关的问题，得到了不同视角的回答。我还主持了这个项目潜在学员的多次研讨会，听了项目邀请的重要企业高管、智能科技专家的讲座，并向他们请教了相关的专业问题。这些交流都极大地丰富了我的研究素材。互联网上汽车媒体人对智能汽车技术及产业格局的分析也给我很多启发和灵感。这里一并表示感谢。

另外，还要特别感谢的是，我在北大光华管理学院高层管理教育中心现在和过去的同事李力、张雁雁，光华管理学院 EMBA 149 班陈亮同学等帮助我联系并陪同访问了许多企业，还帮助我整理访谈录音，节约了我大量的时间和精力。还要感谢《哈佛商业评论》中文版、《清华管理评论》，允许我将在期刊上发表的文章融入本书中。

非常感谢中国人民大学出版社的编辑丁一老师、高文鑫老师，特别是丁老师对本书的结构、章节标题等提出了许多极具价值的修改意见，付出了非常多的辛苦和努力。他们的督促和指点对本书质量的改进帮助巨大。

最后要感谢我的家人和朋友。没有你们的默默付出，本书难以在这个时候与读者见面。